輸入ショックの経済学

インクルーシブな貿易に向けて

Endoh Masahiro
遠藤正寛［著］

慶應義塾大学出版会

輸入ショックの経済学　目次

ブックデザイン・坂田 政則

序章

雇用や賃金にとって輸入は「脅威」か

変化にさらされる雇用と賃金

雇用と賃金は、日々の生活を支える所得の源泉であり、生きがいや自尊心の源泉でもある。人生の豊かさや幸せにとって、雇用と賃金は非常に重要であるが、だからといって絶えず変化する社会からの不断の影響を遮断しておくことはできない。

社会の変化として、最も人々の耳目を驚かすのは、突発的で、目に見える影響が広範囲に強く及ぶものである。この2020年代であれば、新型コロナウイルスのパンデミック、そしてロシアによるウクライナ侵攻であろう。新型コロナウイルス感染拡大を防ぐための行動制限によって、特に外食産業や観光産業で働いていた人々の多くが、離職、失業、所得減少を経験した(1)。また、在宅勤務の拡大とそれに伴うワーク・ライフ・バランスの変化ももたらした。2022年に始まったロシアのウクライナ侵攻も、穀物や原油の価格高騰の一因となり、同時期に進行した円安と共に、国内物価上昇を通じて日本の賃金の実質価値を目減りさせた。

これよりは目立たない形ではあるが、長期にわたる継続的な環境変化で私たちの雇用や賃金に影響を及ぼし続けるものもある。日本であれば、少子高齢化と人口減少がその際たる例で、この影響を受けない人はいない。若年労働力は減少し、働き続ける高齢者は増えているが、定年後の再雇用で給与が下がる労働者は非常に多い。介護サービス、運輸業、建設業では人手不足が顕在化している。政府の歳出における社会保障関係費は増加し、国民には保険料支払や納税での負担増加が見込まれる。

この他に、例えば外国からの輸入や生産・販売の技術変化がある。これらは、変化幅の大小はあれ日々生じており、雇用や賃金への影響を世界の隅々にまで及ぼしている。

輸入は確かに、ある仕事を消し、ある仕事の賃金を低下させるという側面を持つ。戦後、中東における油田開発と石油の探鉱・採掘技術の革新によって世界の石油生産量は増え、それが輸入されることで、日本国内で採炭に関わる仕事は激減した。現在では、日本の採炭事業は北海道釧路市で細々と営まれているだけである。繊維・衣料も、明治期から第二次世界大戦後の高度成長期初期まで日本の経済成長の主要な原動力であったが、現在では繊維・衣料製品の輸入が非常に多く、特に衣料については国内で流通する商品の大部分を海外製が占めている。外国からの輸入の増加によって、繊維・衣料産業では雇用者数が減少するだけでなく、賃金の伸びも抑制されている。

技術変化でも、新しい技術が発明されるたびに、同様のことを引き起こす。化学繊維の大量生産は、生糸や綿糸といった天然繊維の国内での生産を駆逐した。紙製品は、包装用紙がプラスチック製品で置き換えられ、印刷用紙はデジタル化の進展であまり使われなくなり、生産量は減少傾向にある。スマートフォンの高機能化によって、デジタルカメラの国内生産は減り続けている。過去10年ほど、金融・保険業の賃金は、卸売・小売業の賃金よりも、伸びが小さい。これには、仕事の機械化の難易も反映しているであろう。デジタル化の進展で、多くの金融・保険業の仕事が対面からオンラインに移り、労働需要は抑制された。

輸入の影響は特別か

雇用情勢や賃金水準を悪化させる変化のうち、突発的で目立つものであれば、政府は経済政策で対応しやすい。原因や影響の範囲が特定しやすいからである。新型コロナウイルスの感染拡大であれば、資金繰りのための融資や月次支援金の支給にあたって、企業や事業所が緊急事態措置やまん延防止等重点措置が実施された地域にあるか、飲食店が休業・時短要請に従ったか、売り上げが減少しているかなどの判断基準を用いることができる。

これに対して、継続的な変化については、変化が急激ではないこと、因果関係の特定が難しいことから、政府の介入は限定的である。社会環境の変化への調整は、基本的に個々の企業や労働者の判断で行う。ただ、これはもちろん、連続的な変化は雇用や賃金への影響が大きくないということを意味しない。輸入も技術変化も、確実に長期間にわたって、多くの労働者に失職や賃金低下をもたらす。

幸い日本では、これら望ましくない効果を抑制するために輸入を制限するべきだという意見は、農業分野以外ではほとんど聞かない(2)。それは、日本経済には輸入も輸出も必要であること、ある産業の維持に輸入制限を用いるのは非効率的な政策選択であること、一方的な貿易制限措置は相手国の対抗措置を誘発してより悪い結果をもたらすことを、多くの日本国民が理解しているからであろう。(国際経済学を専門分野としている筆者としては、そうであることを願っている。)

しかし、世界の人々は輸入の影響に敏感で、技術変化よりも問題視するようである。その典型例は、2016年のアメリカ大統領選挙戦における共和党候補ドナルド・トランプと民主党候補ヒラリー・クリントンである。両者とも、アメリカの輸入拡大による悪影響を重視し、当時のバラク・オバマ政権が署名した環太平洋パートナーシップ（TPP）からの離脱を主張した。トランプはさらに輸入を敵視し、中国からの輸入によって国内の製造業雇用が失われ、賃金が下落したとして、大統領に当選したら中国からの輸入に高関税を課すことを宣言した。そして大統領就任後、実際にTPPから離脱し、また、選挙戦期間中に主張していたほどの高関税ではないが、中国からの輸入の三分の二相当に追加関税を実際に課した。しかし両候補は、技術変化には批判の矛先を向けなかった。両候補の輸入と技術変化への態度は、ある程度は当選するための態度であり、アメリカ国民の思考を反映していよう。現在のジョー・バイデン大統領も、対中通商政策はトランプ前大統領の方針を継続している。

このように輸入に非難が向けられるのは、その影響が他の影響と何か異なるためであろうか。数多くの経済的な影響の中で輸入が特別な位置を占めているように思われる理由としては、原因が外国にあって、外国民は輸出増加から利益を得ているのに対して、自国民は一方的に被害を受けていると見えることがあるかもしれない。

しかし、実際には輸入の影響は多様である。国内には輸入の増加によって雇用を奪われたり賃金が低下したりする労働者だけでなく、新たに雇用されたり、賃金が上昇したりする労働者もいる。それらの影響が表れるまでの経路も、労働の置き換えや生産性の向上など、様々である。これらの点は技術変化など他の経済環境の変化の影響と同じである。輸入が雇用や賃金を通じて私たちの生活に及ぼす影響を評価するには、国内・国外の二分法ではなく、国内の労働者や企業の多様性に配慮した分析が必要である。これが本書の目指すところである。

本書の目的と構成

本書の目的は二つある。一つは、中国やアジアからの輸入が日本の雇用と賃金に及ぼした影響の全体像を理解することである。これは事実の解明であり、実証的な分析である。もう一つは、輸入の負の影響を軽減し、より多くの人が輸入増加から利益を得るには、どのような政策が有効かを議論することである。これは制度や政策の改善であり、規範的な分析である。

分析期間は、バブル景気が終焉した数年後の１９９０年代中頃から２０１０年代中頃までの、約20年間である。この時期、日本経済は低成長と物価下落から脱却できずにいた。輸入については、アジア、特に中国からの輸入が急増し、輸入が雇用や賃金に及ぼす影響を観察しやすい時期であったと言える。分析対象は、製造業の雇用と賃金である。製造業に限定した理由は、商品輸入から強い影響を受ける産業であることによる。非製造業でも輸入と強い関連のある産業はあるが、今回は非製造業全体を分析対象から外した。

本書では、２０００年代以降の経済学における因果推論手法の進展と、それを支えるデータ利用の環境整備を活用して、輸入が国内の雇用や賃金に及ぼす影響を観察する。この分析には、筆者が日本政府から貸与を受けた政府統計の調査票情報を用いる。各省庁から個人や事業所に関する調査票情報の利用許可を得たことで、企業や労働者の異質性を考慮した詳細な分析が可能になった。

輸入の雇用・賃金への負の影響に対処するための政策の指針として、本書では「インクルーシブ（包摂的）」という概念を採用する。これは、輸入から不利益を被る人を減らし、貿易の利益を日本国民に広く均霑することを意味する。輸入によって多くの失業者が発生したり、多くの国民の賃金が低下したりすると、国民は輸入増加に否定的な感情を抱くようになる。輸入による不利益が特定の人に残存することや貿易に対する日本国民の意識が悪化することを防ぎ、国際貿易の利益を日本国民が享受するために、インクルーシブという指針は有効だと筆者は考える。

第1章は導入部分であり、以後の分析や解釈に役立つ情報を読者に提供する。具体的には、日本の製造業の輸入・雇用・賃金の変化の規模や特徴を紹介し、輸入を行う企業の特徴を議論し、輸入が雇用・賃金に及ぼす影響を分析する際に考慮すべき国際取引や労働市場の特徴を説明する。

第2章から第5章までは、筆者の実証分析を紹介する。第2章では、中国からの輸入が日本国内の製造業雇用に及ぼした影響を、産業レベル、地域レベルで分析し、輸入によって生じる地域内の雇用調整の特徴を明らかにする。輸入が製造業の賃金に及ぼす影響については、第3章で扱う。企業の大きさや従業員の年齢などを考慮して、企業や従業員の特性によって異なる輸入の賃金への影響を推計する。第2章と第3章は、海外産品と国内産品との競争の影響という側面が強い。しかし、外国から原材料や部品を輸入する企業は、輸入の増加から生産性が上昇したり、社内で生産していた部品を輸入で置き換えたりと、輸入競争とは別の影響も受ける。第4章ではこの側面を分析対象とする。さらに第5章では、外国と直接には取引していないが、国内取引先を通じて間接的に外国と取引している企業について、そのような間接貿易がもたらす利点を明らかにする。

以上のような分析結果から、輸入が日本の雇用や賃金に与えた影響を包括的に把握することができる。それを基に、第6章では輸入拡大をインクルーシブにするための方策を検討する。検討に際して、政策の評価軸を明確にすることで、望ましい政策の採択と優先度を議論できる。終章では、著名な研究者の議論の検討を通じて、本書の提言をまとめる。

なお、慶應義塾大学出版会ウェブサイトには、本書の「ウェブ補論」が掲載されている。これには、輸入・雇用・賃金の関係についてのより詳細な検討、国際化に関する産業・企業の特徴、そして本書の研究に関連する先行研究の紹介などをまとめている。読者の関心に応じて読んでいただきたい。

【序章　注】

（1）ここでは、労働者が職を離れることを「離職」と表現する。これに対して「失業」とは、職に就くことを希望しているがそれが叶っていない状態を指す。文脈によっては、失業という言葉で失業者を指すこともある。

（2）農業の輸入制限措置は、食糧安全保障の側面も有する。なお、輸入制限が強化される事例は、日本では非常に少ない。世界貿易機関（WTO）の貿易モニタリング・データベース（Trade Monitoring Database）によれば、２００９年以降に新たに導入された商品輸入の制限措置は、日本では２０１７年8月から8か月間、アメリカからの牛肉輸入にセーフガードを発動した1件のみである。これは、他国に比べて格段に少なく、G20諸国では最小である（https://tmdb.wto.org/en、２０２３年5月3日閲覧）。

第1章 「輸入ショック」を知るために——基本データと分析視角

本章では、輸入ショックと雇用・賃金に関する議論の出発点として、基本的なデータや後の議論の基礎となる事実を紹介する。データの観察期間は、1990年代中頃から2010年代中頃までの約20年間である。

まず、第1節から第3節では、日本の産業と地域を分析対象として、日本の商品輸入、そして製造業における雇用と賃金の推移と現状をデータで確認する。次に、第4節では分析対象を企業にまで細分化して、外国と直接取引をしている企業について、その特徴と日本企業全体に占める位置を明らかにする。さらに、第5節では本書で政策の評価軸とする指針を、第6節では国際貿易論のモデルとの関連を、それぞれ紹介する。補論では、実証的分析で主に用いる手法の概要を説明する。

1．製造業における輸入拡大の影響

「輸入ショック」と製造業の縮小

本書の書名にある「輸入ショック」は、見慣れない言葉かもしれない。経済学における「ショック」は、影響を受ける経済主体にとって、その影響がその経済主体と無関係な、経済主体の外側の要因、すなわち外的要因によって生じたことを意味する。日本の輸入増加を例にとると、その原因が外国の供給能力の増大や海上輸送費の低下であれば、それらは日本にとって外的要因なので、「輸入ショック」と表現できる。これに対して、原因が日本国内での需要増加や国内での大規模災害による供給減少という日本国内に起因するものであれば、それらによる輸入増加は「輸入ショック」ではない。本書では、日本にとっての外的要因から生じた輸入増加が原因、日本国内の製造業の雇用や賃金の変化が結果である因果関係を明らかにするので、「輸入ショック」という表現を用いている。

本書では、輸入ショックとして特に輸入のうちサービスを除く商品の輸入を取り上げ、その影響が及ぶ対象として主に日本の製造業企業・事業所の雇用と賃金を検討する。このように分析対象を設定した理由を、はじめに説明しておきたい。

商品輸入からの影響のみを考えるのは、二つの理由からそれほど不自然な設定ではない。第一に、商品貿易以外の、輸送、旅行、特許等使用料といったサービス貿易は、商品貿易と比べるとまだ規模が小さい。2020年の世界の商品・サービス輸出総額のうち、サービス輸出は22・3％で、その他は商品輸出であった(1)。第二に、サービス貿易の統計は商品貿易ほどには揃っておらず、これが分析に不都合を生じさせる。

これに対して、輸入ショックの影響が及ぶ対象として製造業のみに限定するのは、読者によっては物足りなさを感じるかもしれない。確かに、輸入ショックは非製造業の雇用や賃金も変化させる。商品の輸入が増加すれば、増加する商品輸送に対応するために物流会社や海運会社といったサービス業の雇用も増加するであろう。また、輸入競争激化によってある地域で製造業の工場が閉鎖されれば、その工場の元従業員の一部は同じ地域のサービス業に転職するであろう。

ただ、輸入ショックの影響としてまず耳目を集め、強い影響が最初に表れるのは、輸入品との競合に直面した国内産業である。企業城下町への輸入ショックは、その典型例である。戦後日本において、石炭、繊維、電気機械の企業城下町の多くで地域の製造業雇用が減少し、その直接の影響が強いと非製造業への負の影響も強くなった。また、輸入ショックの直接の影響は間接の影響よりも規模が大きく、その程度の推計も解釈も比較的行いやすい。

本書の問題設定は、輸入の増加が日本において経済問題として現出した戦後の事例からも支持されよう。そこでは、何よりも輸入の増加によって国内産業が衰退し、多数の失業者が生じることが大きな社会的問題となった。

戦後の日本経済を牽引した繊維産業が経験した1970年代後半の繊維不況は、輸出の減退と輸入の増大も一因であった。その後も繊維・衣類製品の輸入増加は続き、1980年代半ばには輸出を上回った。繊維産業は生産量でも従業者数でも徐々に縮小し、多くの繊維企業で事業の軸足を他の業種に移し、日本各地にあった繊維工場が閉鎖され、雇用不安を引き起こした。この過程を象徴する出来事として、名門繊維企業であった鐘紡は解散し、繊維商社のトーメンやニチメンは他社と合併した。

1990年代以降では、電気機械製品の輸入が急増し、その伸びの大部分を東アジアから、特に中国からの輸入増加が占めた。日本製の白物・生活家電が中国製に置き換わり、コンピュータやスマートフォンの部品の多くが中国製、韓国製、台湾製となったことは、読者も実感されていると思う。日本の電気機械メーカーは多くの国内製造工場を閉鎖し、これが地域の製造業雇用の減少につながった。総合電機メーカーであった東芝は家電事業から撤退し、シャープは台湾企業の子会社となった。

ただ、日本の輸出も他国の製造業の脅威となったことに触れなければ、公平性を欠くだろう。特に、日本の輸出額が多かったアメリカとの間では、日本の輸出が頻繁に通商問題に発展した。1950年代から1980年代にかけて、繊維、鉄鋼、カラーテレビ、工作機械、自動車、ビデオテープレコーダー、半導体と、日本の輸出急増によってアメリカ国内の企業が打撃を受け、雇用を縮小させ、それがアメリカで政治問題化することが繰り返された。この日米貿易摩擦に対しては、日本側の輸出自主規制で解決が図られることが多かった。(2) ちなみに、アメリカでは輸入拡大による雇用喪失が政治的な争点になることが多いように見える。TPPからの離脱もその一つである。

農林水産業の雇用や賃金に輸入が及ぼす影響も、以下に述べるいくつかの理由から、分析対象から外した。まず、農林水産品は、日本では高い関税率、輸入割当、関税割当、国家貿易などによって、そもそも輸入が制限されているものが多い。(3) この輸入制限措置を求める国内生産者の政治的影響力は強く、最近では2010年代前半のTPP加盟検討時にも表れた。本書の分析期間では、農林水産品の輸入額の増加分は製造品と比べて小さかった。また、農林水産業の生産者には、経営を安定させるための様々な制度が政府より提供され、そこには金銭的な支援も含まれている。さらに、農林水産業従事者は、他に仕事を有する兼業者の比率が高い。これらのことから、輸入拡大の農林水産業従事者への影響は計測が難しく、計測できたとしてもその影響は比較的小さいと思われる。

輸入ショックは、ある産業の盛衰にとどまらず、将来の経済発展や人々の暮らしやすさにまで影響が及ぶ。近年でその最たる事例とみなされているのは、半導体であろう。

日米貿易摩擦を引き起こした品目のリストの最後にある半導体は、1980年代後半には日本製が世界の過半を占め、NEC、東芝、日立などが主要なメーカーであったが、2019年には日本のシェアは1割にまで落ち込んだ。半導体は電気機器・情報通信機器等の生産に必要であるだけでなく、より良い社会を構築するデジタル技術の重要な要素である。しかし、その供給が外国頼みになっているため、日本国内の需要者と外国の供給者の間で連携がうまくできず、それが国内のデジタル産業の発展の足かせになる恐れがある。さらには、それによって日本国内に残っている半導体関連産業も消失するかもしれない。加えて、有事の際に供給が途絶することから、経済安全保障の面から問題があると日本政府は認識している。

経済産業省はこの半導体産業の衰退傾向を反転させるため、2021年6月に「半導体・デジタル産業戦略」を策定し、国内での供給増加を国家的戦略の一つに位置付けた。これに呼応するように、2021年12月、台湾の半導体企業TSMCが過半数を出資する半導体企業JASMが設立され、工場が熊本県菊池郡菊陽町に建設中である。また、2022年8月には日本企業8社が出資した半導体企業Rapidusが設立され、2023年2月に最初の工場を北海道千歳市に建設することが決まった。

これらの企業には日本政府からの補助金も供与されている。

半導体は、輸入ショックが私たちの生活の豊かさや質、そして国家安全保障にまで影響が及ぶことを示す好例である。しかし、人々の生活や安全保障への影響の分析は、これらのどの側面を分析対象として取り上げるか、どのような判断基準を設定するか、そして因果関係をどのように測定するかを説得的に示すのがやや困難であることから、本書では行わなかった。

輸入額の推移

輸入ショックの指標として、まず、商品輸入額の水準と変化を産業別・地域別に確認しよう。[4] 日本の1996年から2016年までの名目商品輸入額の推移は、図1-1に描かれている。この図には、輸入額の内訳として、アジア（中東諸国を除く）からと中国からの金額も記されている。

日本の世界からの商品輸入総額は、1999年の35・3兆円から2008年の79兆円まで増加傾向にあったが、2009年には世界金融危機によって51・5兆円に急減した。その後再び増加し、2014年には85・9兆円に達したものの、その後は2016年に向けて減少している。この変化の一部は、日本の輸入に大きな割合を占める鉱物性燃料の価格変動による。原油価格は2008年7月まで上昇傾向にあり、その結果、日本の総輸入に占める鉱物性燃料の割合は、1996年の17・4％から2008年には35％にまで達した。原油価格は世界金融危機で急落し、その後再び上昇したが、2013年9月からまた下落した。2016年には、総輸入に占める鉱物性燃料の割合は18・2％にまで下がった。

図1-1　日本の名目輸入額の推移

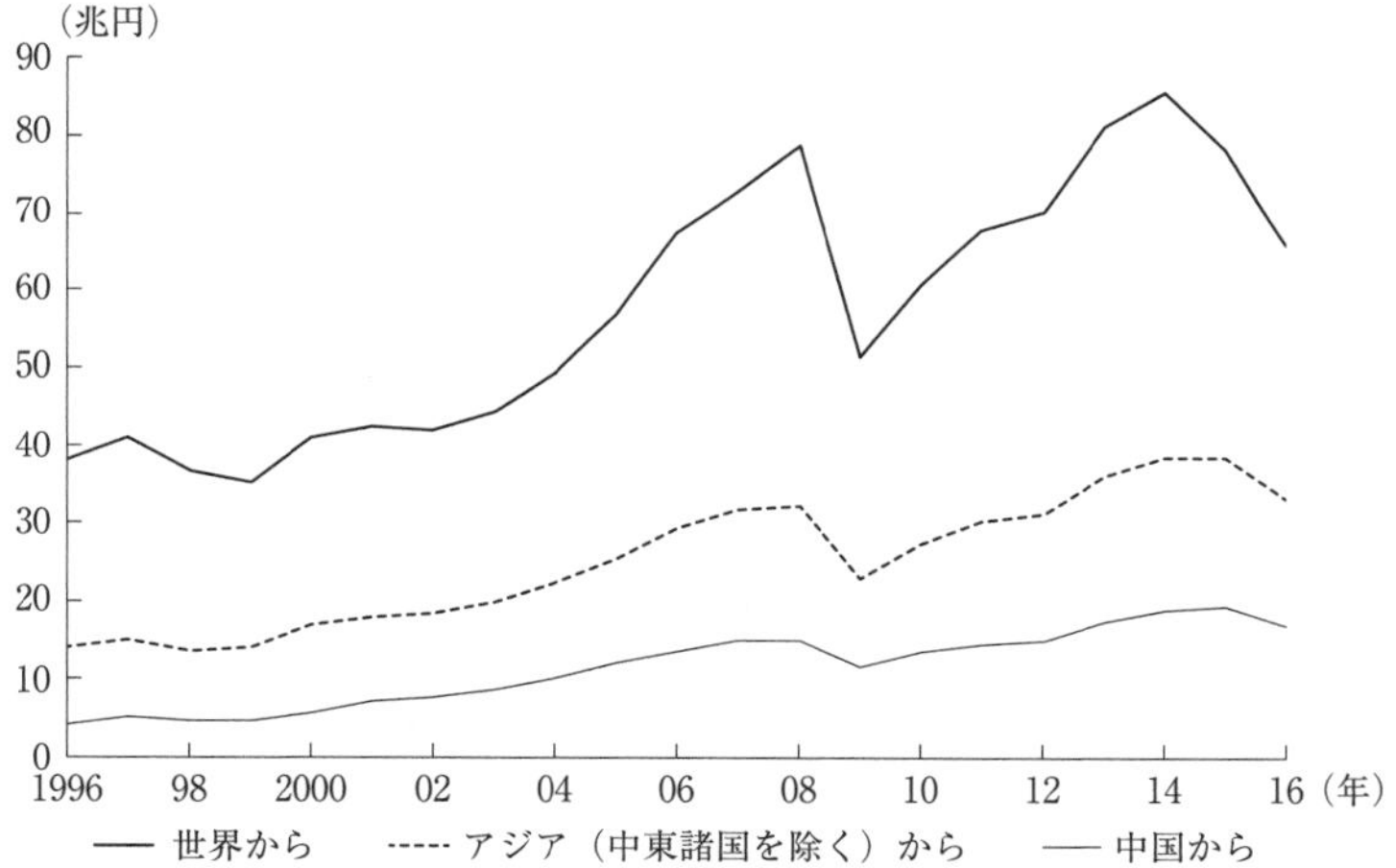

出所：財務省貿易統計より筆者作成。

ただ、鉱物性燃料を除いても、輸入の増加傾向をはっきりと観察できる。中東諸国を除いたアジアからの輸入でこれを見てみると、1998年の13・6兆円から2014年には38・6兆円と2・8倍になった。その中でも中国からの輸入の伸びは大きく、1996年の4・4兆円から2015年の19・4兆円と4・4倍になった。これに伴って、輸入総額に占める対アジア（中東諸国を除く）、そして対中国の比率は、分析期間を通じて増加した。1996年では、輸入総額に占めるアジア（中東諸国を除く）からの輸入は40％弱、中国からの輸入は10％強であったが、2016年にはそれぞれ50％と26％になっている。

このようなアジア地域からの急激な輸入増加は、この時期の東アジア・東南アジア諸国の急速な経済成長に伴って生じた。特に、中国の経済成長は、その経済規模が大きいことから、日本の輸入額に強い影響を及ぼした。中国は1992年からは社会主義市場経済を導入し、図1-1の期間中、高い経済成長率を維持し、2000年代半ばには実質国内総生産の年成長率が10％を超えていた。2001年12月には世界貿易機関（WTO）にも加盟している。東アジア・東南アジア諸国からの輸入の大部分は製造品であり、それが日本の製造業に及ぼす影響が大きいことは容易に想像できる。

産業別輸入額の推移

日本の製造品名目輸入額を15産業別に表示したのが、図1-2である。1996年、2006年、2016年の3時点について、輸入額を中国から、アジア（中国と中東諸国を除く）から、そしてその他世界からに分けて表示している。

なお、この図では、石油精製業と非鉄金属製錬精製業の産出物に対応する貿易品は、集計に含めていない。本書のこれ以降の図でも同様である。その理由は、これらの産業では大規模プラントを用いて精製を行い、そのため産出額は巨額ではあるものの従業者数は少ないので、国内企業の生産額や競合品の輸入額の変化が雇用に与える影響が他産業と大きく異なるからである。また、原油などの原材料価格や、銅や鉛などの産出物価格が分析期間中に大きく変動するため、名目の産出額や原材料使用額の変動がそれらの数量の変動と大きく乖離することも理由である。

この図を見ると、多くの産業で1996年、2006年、2016年と、外国からの輸入が増加している。特に電気機械器具では、1996年の時点で輸入額が6兆円と最も多い産業であったが、2006年にはそれがほぼ倍増の11・5兆円となった。この増加額5・5兆円のうち、中国からの輸

図1-2　産業別名目輸入額の推移

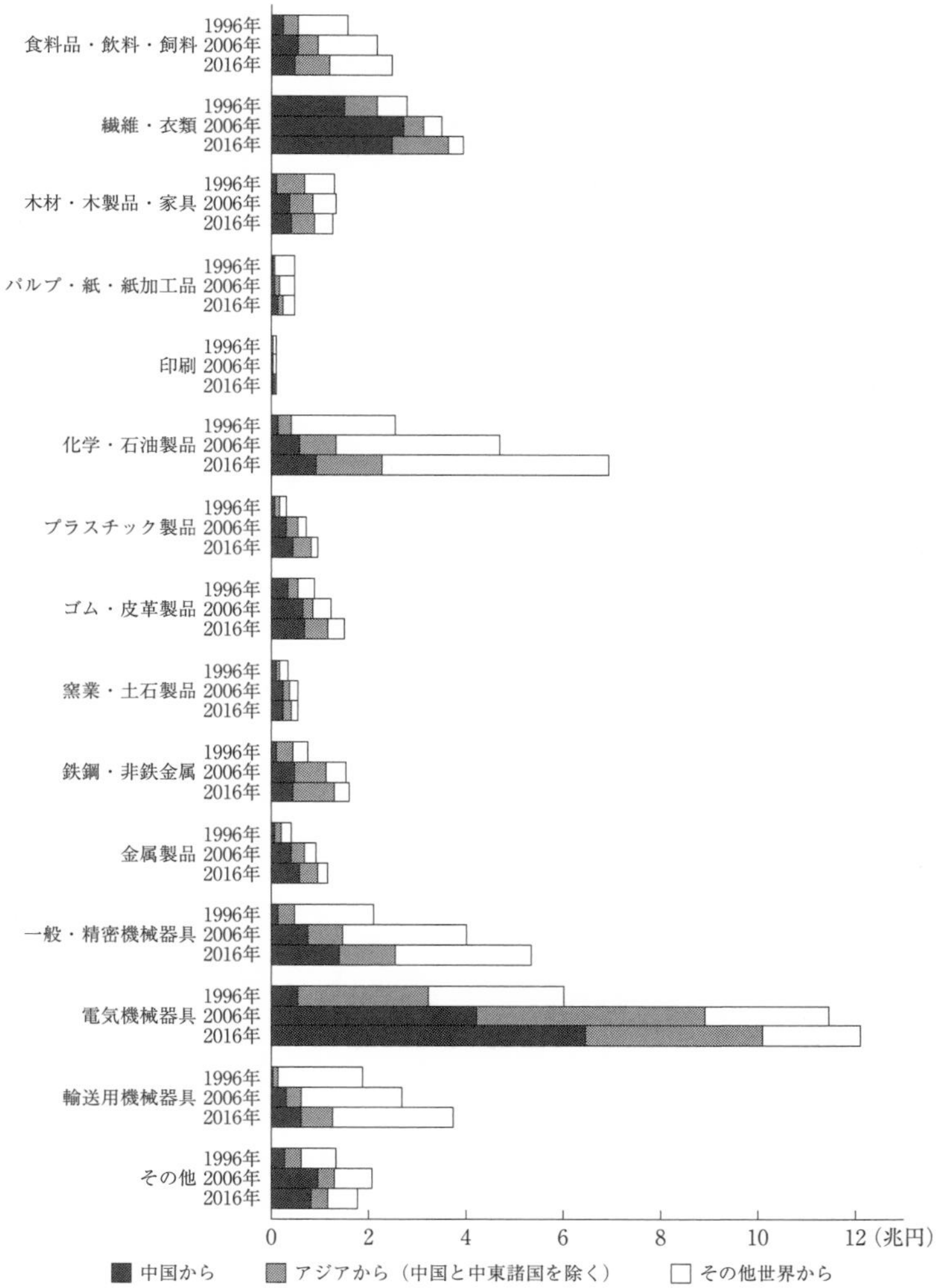

出所：図1-1と同じ資料より筆者作成。

入増加額が3・7兆円と、三分の二を占めている。2006年から2016年でも中国からの輸入は大きく伸び、この期間の電気機械器具の輸入総額が0・6兆円の増加であるなか、中国からの輸入は2・2兆円も増加した。その他の産業でも、繊維・衣類や一般・精密機械器具で、中国からの輸入額は図中の20年間で1兆円以上増加した。これらの数字は、中国からの輸入が日本の雇用に与える影響の大きさを示唆している。

地域別輸入額の推移

ある産業への輸入ショックはその産業の従業者だけでなく、波及効果を通じてその産業が立地する地域の人々の生活にも影響を及ぼすので、次に輸入額を地域別に観察する。本書で用いる「地域」の定義は、東京大学空間情報科学研究センターの「都市雇用圏」に基づく。この都市雇用圏は、人口集中地区を持つ中心市町村と、そこに多くの労働者が通勤する郊外市町村をまとめた地理的単位で、一つの地域労働市場と見ることができる。例えば、札幌市・小樽市雇用圏は、両市と、両市への通勤者が多い北広島市、南幌町、江別市、当別町、石狩市、余市町に加え、余市町への通勤者が多い仁木町も含まれる。2010年基準では全国に229地域が設定されている。(5)

図1-3に示された輸入額は、雇用圏別の製造業従業者一人当たり名目輸入額である。この額は、各産業の輸入額をその産業の国内全従業者に均等に割り、それを雇用圏内の製造業の従業者について合計し、最後にその金額を雇用圏内の全製造業従業者数で割ることで算出した。(6)

このような計算方法から、地域別の輸入額の解釈には、注意が必要である。この額は、その地域で消費するための輸入額ではなく、その地域で生産する製造業製品と同じ産業の製品の外国からの輸入額であり、地域の製造業が直面する輸入競争圧力と解釈できる。また、各産業の輸入額をその産業の国内全従業者に均等に割っているが、この方法では地域内に存在する企業と外国製品との競合度が、地域によって異なることを考慮していない。

図1-3には、三大都市圏と２０１６年の輸入額上位10地域について、１９９６年、２００６年、２０１６年の域内製造業従業者一人当たり名目輸入額が表されている。この図によると、２０１６年の製造業従業者一人当たり名目輸入額は東京と大阪で一千万円を超えていた。これと比べると、一人当たり輸入額で上位の地域の金額は非常に大きい。２０１６年には、青森県むつ市、宮城県白石市、新潟県糸魚川市、熊本県山鹿市の四地域で二千万円以上もあった。

地域によって産業構造が大きく異なり、かつ産業によって従業者一人当たりの輸入額が大きく異なることから、比較的小さい雇用圏で輸入の特徴が強く表れている。例えば、地域で生産する商品と競合する海外商品の輸入額が1位のむつ市は衣料や水産食料品、2位の白石市は衣料や電子部品、3位の糸魚川市は化学工業で、地域の従業者が多く働いていた。これらの産業は、図1-2に示されているように、輸入額が非常に大きい。これら3地域の主要な輸入相手を比べると、むつ市と白石市は中国から、糸魚川市はその他世界から、比較的多く輸入している。これは、3地域の主要産業製品を、日本ではこれらの国から多く輸入していることを反映している。

図1-3　地域別一人当たり名目輸入額の推移

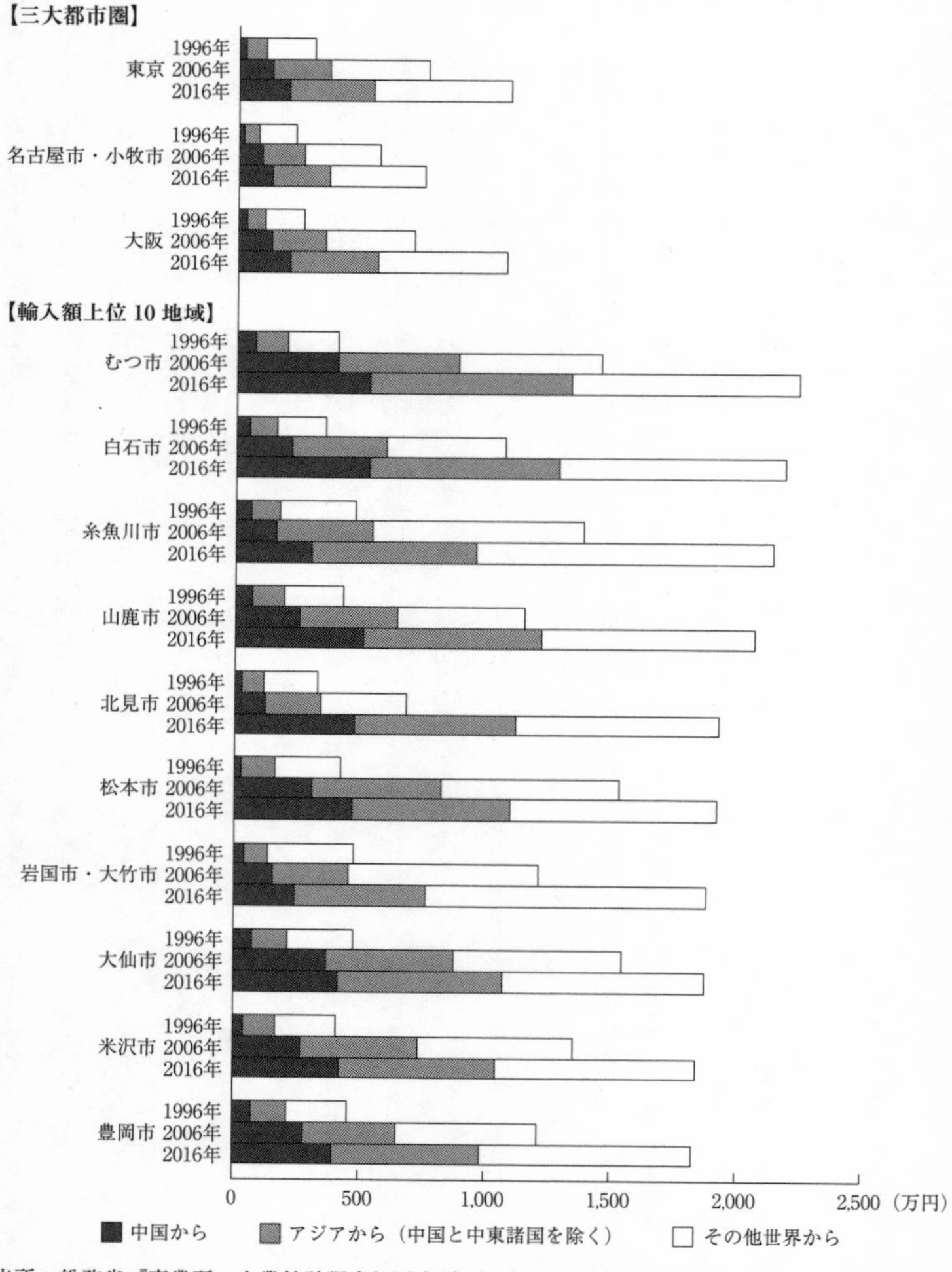

出所：総務省『事業所・企業統計調査』平成8年度（1996年度）、同調査平成18年度（2006年度）、総務省・経済産業省『経済センサス―活動調査』平成28年度（2016年度）の調査票情報、財務省貿易統計より筆者作成。

輸入はどのように影響を及ぼすか

日本で繊維・衣料や電気機械器具の輸入が急増し、それが両産業の日本国内での生産を減少させ、雇用も減少させたのはほぼ確かである。また、それによって、これらの産業が地域の雇用を支えている大阪圏、山梨県、長野県などでは、輸入が地域の雇用を減少させたであろう。ただ、日本の輸入が日本国内の雇用や賃金に影響を及ぼす経路は多種多様であり、このような輸入による国内生産の代替だけではない。そのことを、輸入の影響の全体像を素描することで説明しよう。

最初に、輸入財を最終財と中間財という二つの側面に分けて考える。最終財としての側面は、輸入商品が国内企業の生産する商品と購入者の選択において競合すること、中間財としての側面は、輸入商品が原材料や部品として国内の生産に用いられることを表す。

注意してほしいのは、輸入された商品の多くはこの両者の側面を有しているということである。例えば、ベアリングの輸入は、それは国内のベアリングメーカーにとっては最終財の競合であるが、部品として使用する自動車メーカーにとっては中間財の利用である。最終財の輸入は、競合する商品を国内で作る製造業企業にとっては、自社商品との競合の激化から、雇用の減少や賃金の低下につながる。これに対して、中間財の輸入は、それを利用する製造業企業に生産の拡大をもたらし、それが雇用の増加や賃金の上昇につながる可能性がある。

この、最終財としての側面と中間財としての側面からの影響は、それを直接受ける企業だけでなく、国内取引関係を通じて間接的に他の企業にも波及する。例えば、最終財としての自動車の輸入は、国内自動車メーカーに競争激化をもたらすだけでなく、国内自動車メーカーに自社製品を中間財として供給している国内鋼材メーカーに販売額減少という影響を及ぼすかもしれない。また、タイヤの中間財としての合成ゴムの輸入は、国内タイヤメーカーの生産を伸ばし、それが国内タイヤメーカーに原材料を供給する化学工業品メーカーの生産も伸ばすかもしれない。

さらに、商品の輸入は、非製造業の雇用にも影響を及ぼす。そして、その経路も様々である。直接的な効果であれば、輸入が増えると、輸送や保険など、国際物流を支えるサービスを提供する産業での雇用や賃金にもプラスの影響を与える。加えて、非製造業でも、製造業のような国内取引関係を通じた間接効果が存在する。

これまで例示してきた影響は、企業や労働者の特徴によって表れ方が異なることも考えられる。例えば、規模の大きい企業は輸入の変化に敏感に反応して生産量の調整や組織変更を行う反面、規模の小さな企業はそれらをあまり行わないかもしれない。すると、輸入が引き起こす雇用や賃金の変化は、企業規模によって異なってくる。また、もし国内で陳腐化した技術によって生産されている部品が外国からの輸入に置き換えられるのであれば、その部品の国内生産に従事していた高い技能を持たない労働者（以下では低技能労働者と呼ぶ）の雇用は減り、賃金が切り下げられるであろう。

労働者の企業間移動を考えると、輸入の影響はさらに広く行き渡る。繊維・衣料産業で雇用が減少すれば、そこで解雇された労働者の一部は別の産業に移る。これは、産業によっては日本の輸入増加で雇用が増えることを意味する。特にサービス産業の雇用は、輸入から直接にはあまり影響を受けないが、輸入との直接競争の激化で解雇された労働者が移ってくるので、輸入によって雇用が増えることが予想される。

この労働者の移動によって、賃金の変化も日本全体に波及する。もし輸入した商品によって国内の低技能労働者が生産する商品が置き換えられると、輸入増加によって日本の製造業における低技能労働者への需要が減少し、賃金が低下する。当初は非製造業の低技能労働者の賃金は影響を受けなかったとしても、非製造業の企業が製造業から賃金の低下した低技能労働者を雇用することを通じて影響が及び、低技能労働者の賃金は日本全体で低下する。

ただ、もちろん、労働者は企業間や地域間をそれほどスムーズに動けるわけではない。他の職に移れば賃金が高くなる可能性が高いが、転職や引っ越しに伴う心理的負担、金銭的負担、不確実性を考えて、現在の職にとどまる人は多い。また、企業の立地には、地域人口、他社の集積、交通インフラなどの地理的要因も強く働く。そのため、輸入の影響は、産業や地域といった集計単位によって異なる姿を見せる。

ここまでは、企業の生産性が一定として話を進めてきた。もし輸入が企業の生産性を引き上げることができれば、それも賃金の上昇につながる。そしてその経路も多様である。例えば、輸入した中間財を用いることで、国内企業がコストを削減したり魅力的な商品を生産したりできれば、それは生産性の上昇をもたらす。最終財の競争激化も、それが厳しい競争環境に直面した企業に経営努力を促すように働けば、生産性を向上させて賃金を引き上げることに成功する企業を生むだろう。

ここでの説明は、輸入の雇用・賃金への影響の概略に過ぎない。それでも、多種多様な経路と影響があることが読者に伝わるだろう。国内雇用が輸入に奪われるという主張は、その一部しか見ていない。本書では、多くの経路を全て丹念に検討することはできないが、製造業の雇用と賃金に絞って、できるだけ多様な経路の影響を分析し、読者に提示したい。

2．雇用はどう変化してきたか

産業別に見た雇用の創出・喪失

第2節では、雇用の変化を従業者数で確認する。(7) 全産業の従業者数の推移を1996年から2016年まで見ると、2000年代半ばまでは主に男性従業者の減少によって従業者総数も減少したが、その後は女性従業者と高齢者従業者の増加を主因として従業者総数が増加し、2016年の従業者数は5687万人になった。しかし、製造業の従業者数はこの期間を通じて減少傾向にあり、1996年には1292万人であったものが、2016年には886万人と、約30％減少した。全従業者数に占める製造業従業者数の割合も、1996年の22％から2016年の16％に低下している。

製造業の15産業別に従業者数の推移を見ると、全ての産業で2016年の従業者数は1996年よりも少なくなっていた。従業者数の減少率が最も大きいのは繊維・衣類で、1996年から約70％の減少である。木材・木製品・家具でも、従業者数は半減している。従業者の減少数が最も多いのは電気機械器具で、1996年の204万人から2016年の113万人まで、91万人減少している。

製造業の雇用者数は全体として縮小傾向にあるが、製造業から離れる労働者だけでなく、新たに雇用される労働者もいる。例えば、経済活動が行われている個々の事業所（工場、事務所、営業所など）を観察すると、新たに事業所は開設されており、そこで新たに雇用される労働者も多い。水面は穏やかに下降し続けているが、水面下では事業所の参入・退出が激しく起こり、多くの労働者が事業所を移動しているのである。そのことを示しているのが、図1-4である。

この図は、各事業所における10年間の従業者数の変化から計算された雇用の創出と喪失を示している。雇用の創出には、10年間存続し続けた事業所が増やした従業者数と、新設された事業所の従業者数の2種類がある。同様に雇用の喪失には、存続事業所が減らした従業者数と、廃業した事業所の従業者数の2種類がある。いずれも、産業ごとに合計し、期初の従業者数で割った比率を図示している。変化率は、四つの雇用創出・喪失の比率の合計である(8)。

図1-4から読み取れる事実を二つ紹介したい。一つ目として、雇用の変化の主要因は事業所の参入・退出であり、存続事業所での雇用の増減ではない。96-06年を扱った図1-4Aにおいて、製造業全体では、廃業事業所による雇用喪失は31%、新設事業所による雇用創出は19%であり、これらは存続事業所による雇用喪失（16%）や雇用創出（11%）よりも大きい。06-16年を扱った図1-4Bでは、新設事業所による雇用創出は26%と上昇している。

二つ目として、分析期間による雇用変化率の違いは、新設事業所の雇用創出の違いによってもたらされている。製造業全体の変化率は、図1-4Aでマイナス18%、図1-4Bでマイナス12%であり、後者の時期の方が減少率は小さい。しかし、雇用喪失を見ると、どちらも存続事業所による雇用喪失は16%、廃業事業所による雇用喪失は31%と、同じ値であった。大きな違いは、新設事業所の雇用創出で、図1-4Aでは19%だったものが、図1-4Bでは26%に上昇している。これが、図1-4Bの時期で減少率が小さかった理由である。

図1-4　産業別雇用創出・喪失率

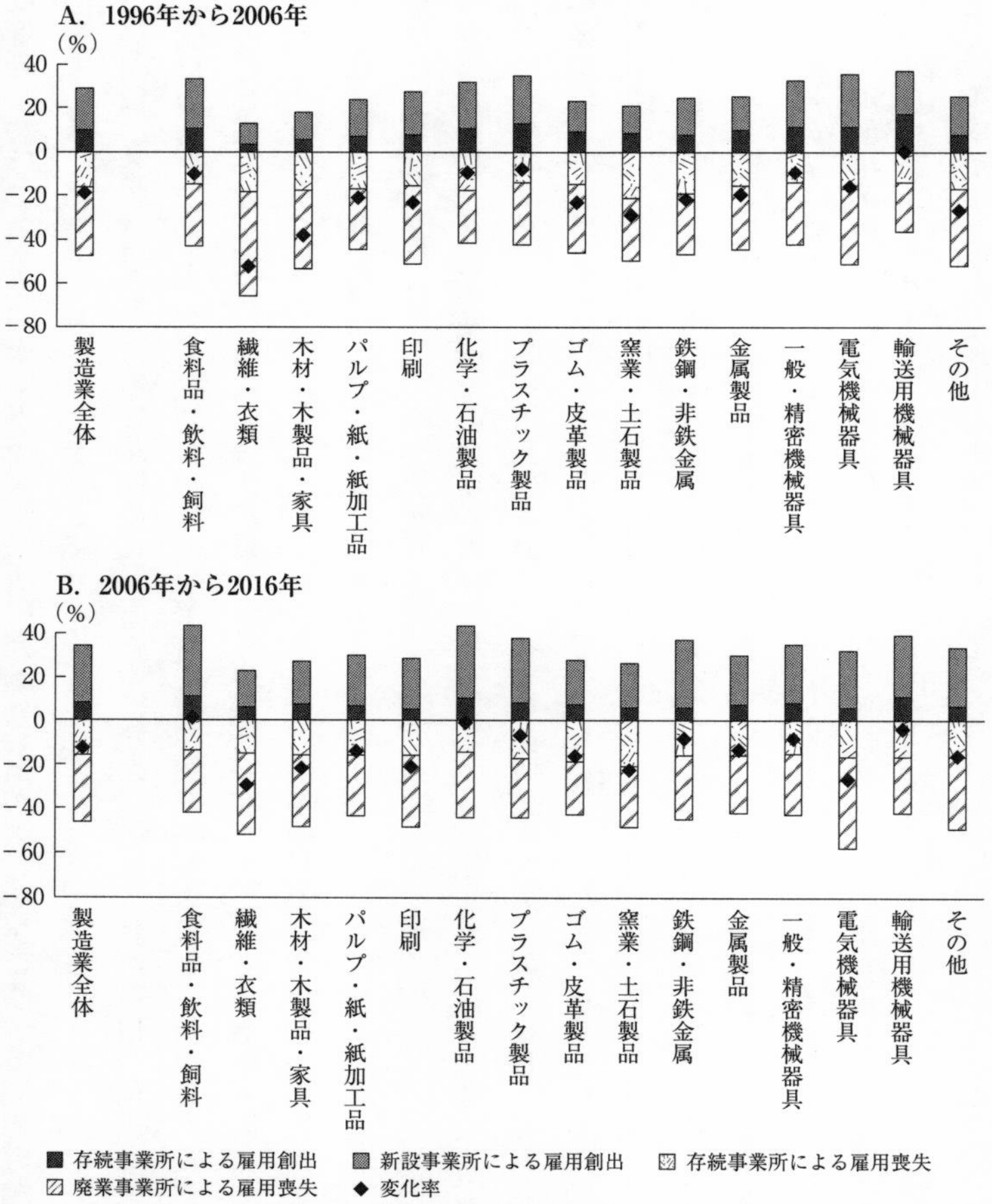

注：雇用創出率と雇用喪失率は、それぞれ期間中の雇用創出数と雇用喪失数の、対期初雇用数比率である。新設事業所と廃業事業所は、期初と期末に存在していた事業所を比較することで定義している。そのため、期中に新設された後に期末までに廃業した事業所は、どちらにも含まれない。雇用喪失は、図中では負の値にして表示している。

出所：総務省『事業所・企業統計調査』平成8年度（1996年度）、同調査平成18年度（2006年度）、総務省・経済産業省『経済センサス―活動調査』平成28年度（2016年度）より筆者作成。

地域別に見た雇用の創出・喪失

図1‐5は、1996年時点で製造業従業者数が最も多い15地域における雇用創出・喪失率を、図1‐4と同様に表したものである。図1‐5Aの時期は自動車関連産業が集積している静岡県浜松市と愛知県豊田市で、図1‐5Bの時期でも愛知県豊田市で、雇用が増加している。その三つの事例の共通点として、存続事業所での雇用創出率の高さと雇用喪失率の低さ、廃業事業所での雇用喪失率の低さがある。自動車関連産業で考えられるこれらの動向の背景として、域内の生産活動が比較的規模の大きな事業所に集約されたこと、ある企業の系列の小規模事業所が再編によって同じ系列の他の事業所に併合されたこと、国際的に事業を展開している企業において輸出や海外生産の増加に伴って本社従業員数を増やしたことなどが考えられる。

3. 賃金はどう変化してきたか

賃金については、その変化、そして産業間・企業間・労働者間の違いを、名目年収で確認する。[9]

図1‐6は、日本の一般労働者（短時間労働者や臨時雇用者ではない労働者で、正規・非正規を問わない）の名目年収を、全産業平均と製造業平均について、1996年から2016年まで描いたものである。[10] 分析期間中の2000年代、全産業の名目平均年収は、残念ながら低下傾向にあった。[11] 全産業平均と製造業平均の差は、1990年代後半ではあまりないが、2002年から目立ち始め、2006年では製造業の方が23・5万円も高くなった。これは、電気機械器具や輸送用機械器具の輸出増加

図1-5　地域別雇用創出・喪失率

A. 1996年から2006年

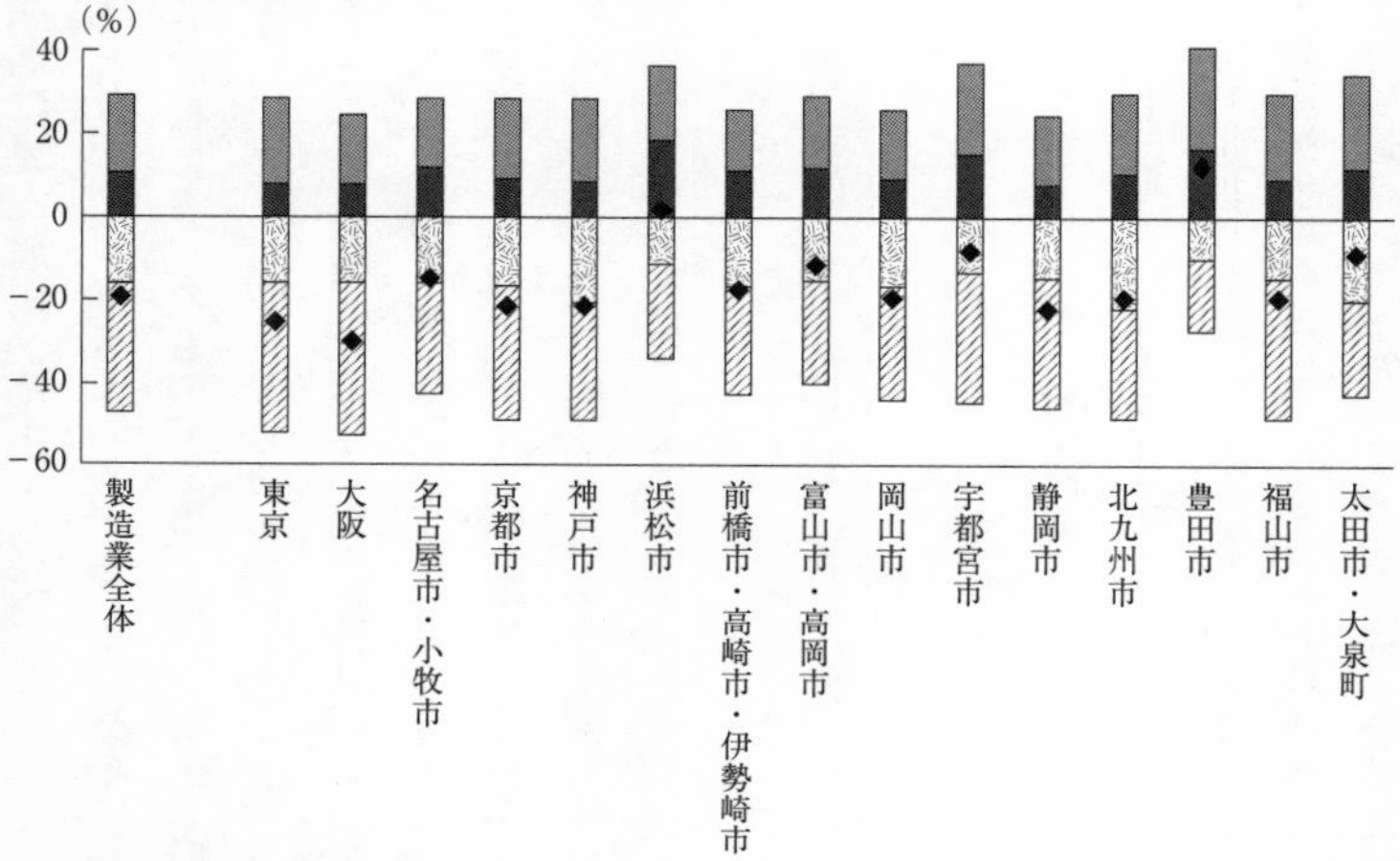

B. 2006年から2016年

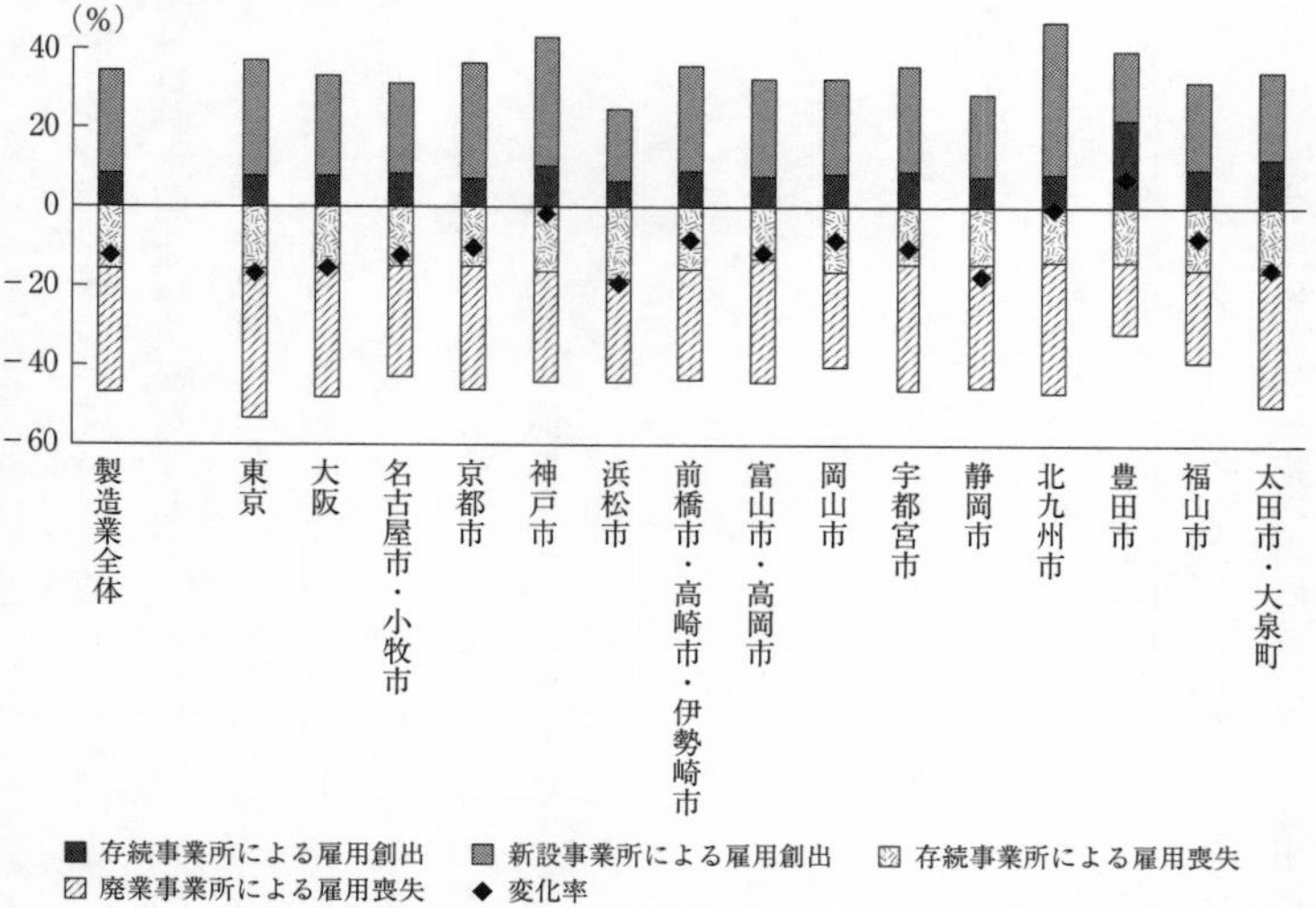

出所：図1-4と同じ資料より筆者作成。

図1-6　名目平均年収の推移

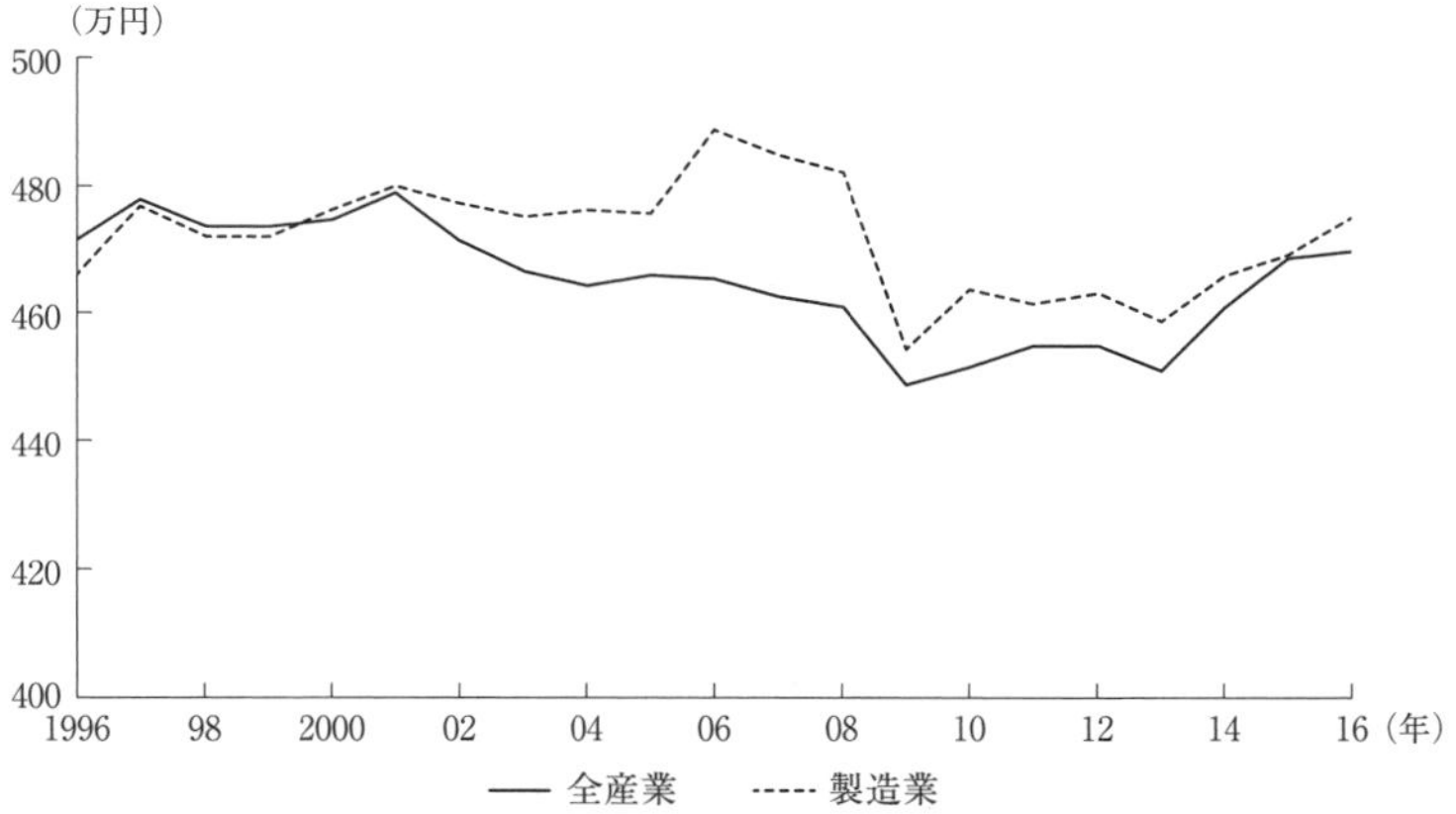

注：短時間労働者と臨時雇用者は含まない。調査対象となった労働者の年収は、毎年6月の現金給与額の12倍と、その前年の年間賞与その他特別給与額の合計と定義している。平均年収は、調査対象の労働者の年収について、復元倍率をウェイトに用いて平均をとったものである。
出所：厚生労働省『賃金構造基本統計調査』各年版の調査票情報より筆者作成。

によると思われる。その後、世界金融危機による輸出の急減によって、両者の差は縮小した。

個々の労働者の年収やその変化には、その労働者が働く産業や地域や企業、そして労働者自身の属性など、様々な要因が複合的に関わる。そこで次に、製造業従業者の名目平均年収を、産業別、地域別、企業規模別、労働者の年齢別、そして労働者の性別・学歴別に説明する。

産業別では、産業間の年収の差は比較的大きい。１９９６年、２００６年、２０１６年の３時点いずれにおいても、化学・石油製品、鉄鋼・非鉄金属、一般・精密機械器具、そして輸送用機械器具では５００万円を超えているのに対し、食料品・飲料・飼料や繊維・衣類では４００万円以下になっている。しかし、食料品・飲料・飼料と繊維・衣類は、前者が低下傾向、後者は増加傾向と、年収の変化の方向が異なっている。平均年収の高低にかかわらず、変化の方向は様々である。

都道府県で見た地域別では、東京、大阪、名古屋の大都市圏で所得が高く、それらから地理的に離れた地域で低い傾向がある。ただ、都府県によって変化の方向はやはり様々である。

企業規模別、労働者の年齢別、そして労働者の性別・学歴別の名目平均年収は、図1‐7を用いて説明する。この図から、賃金が高い傾向にあるのは、従業員数の多い企業に勤務する、40代から50代の、男性の、大学卒の従業員であることがわかる。

年収が特徴的な変化を示しているのは、500人以上の従業員がいる企業、40代、そして男性・大学卒のグループである。いずれのグループでも、1996年から2006年にかけて名目平均年収は20万円以上も上昇したが、その後2016年にかけては逆に20万円以上、下落している。これは、世界金融危機による2008年からの景気悪化期に、大きな企業が従業員全体の賃金を引き下げたため、そこで比較的多く雇用されている男性・大学卒や壮年層の従業員の平均年収が、他より大きく低下したことを示唆している。

また、中学卒または高校卒の男性の名目年収が、分析期間を通じて下落傾向にあることも注目に値する。これに対して、女性の年収は、中学卒または高校卒と大学卒のどちらのグループでも分析期間を通じて上昇傾向にある。これらの傾向を生み出した要因は二点あろう。一点目に、性別による賃金格差が縮小し、女性の賃金が上昇した。この要因が働いたことは、各企業の取り組みや各種調査から、確実と思われる。二点目に、仕事により高度な知識が求められるようになったことから、大学卒労働

図1-7　企業・労働者別名目平均年収の推移

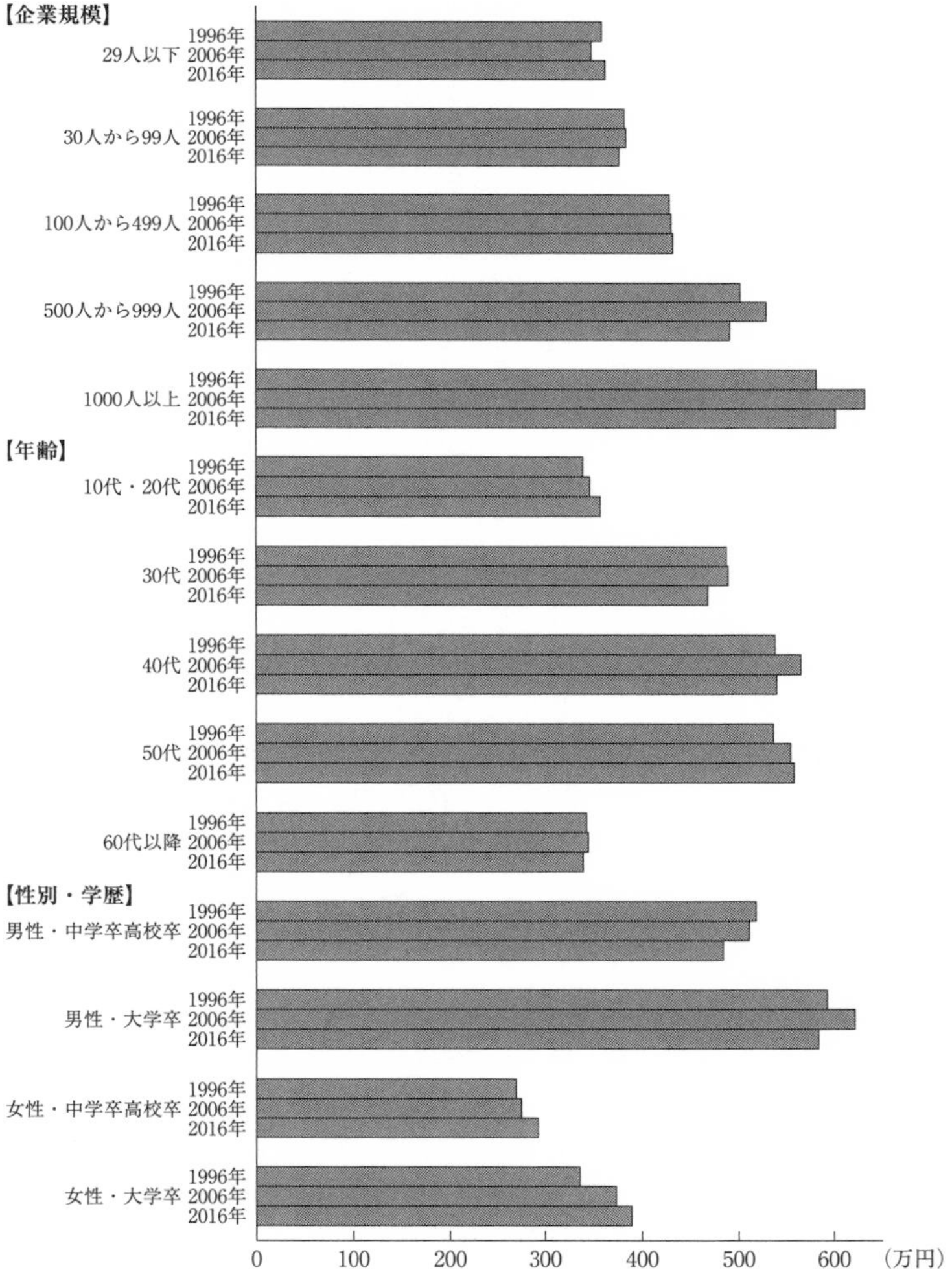

注：年収は製造業従業者のみの平均。「大学卒」には、短大卒、高専卒、大学卒、大学院卒を含む。
出所：図1-6と同じ資料より筆者作成。

者の時給が上昇し、勤務時間も伸びた反面、中学卒・高校卒労働者にはそのような効果が及ばなかった。こちらは、妥当な仮説と筆者は考えるが、追加の検証が必要である。

4. 輸入企業の特徴

国際化企業の数

輸入の増加は、自社製品が輸入財と競合する企業にとっては、雇用の減少や賃金の低下をもたらすかもしれない。しかし、輸入財を自社製品の原材料や中間財として使用している企業にとっては、輸入ショックは生産を拡大し、雇用や賃金に正の影響を与える可能性がある。そこで、本節では外国から輸入をしている企業の特徴を、2017年度実績のデータを用いて考察する。

なお、使用するデータの制約上、企業が商社等を通じて外国から購入する間接輸入は把握できないので、ここでの輸入は企業の直接輸入を指す。また、直接輸入との比較で直接輸出も検討対象とする。直接輸入あるいは直接輸出をしている企業を以下では国際化企業、どちらもしていない企業を非国際化企業と呼ぶ。本節で使用するデータの調査対象は国内企業全てではなく、中規模・大規模企業に限定されている点は、本節の結果を解釈する際に読者は留意してほしい[12]。ただ、日本において国際化企業は従業者の多い企業に偏っているため、国際化企業の特徴を把握する上ではこれは大きな問題にならないと思われる。

まず、国際化企業の産業別分布を、図1-8で確認しよう。この図には15産業について、直接輸入

図1-8　貿易面の国際化モード別企業数

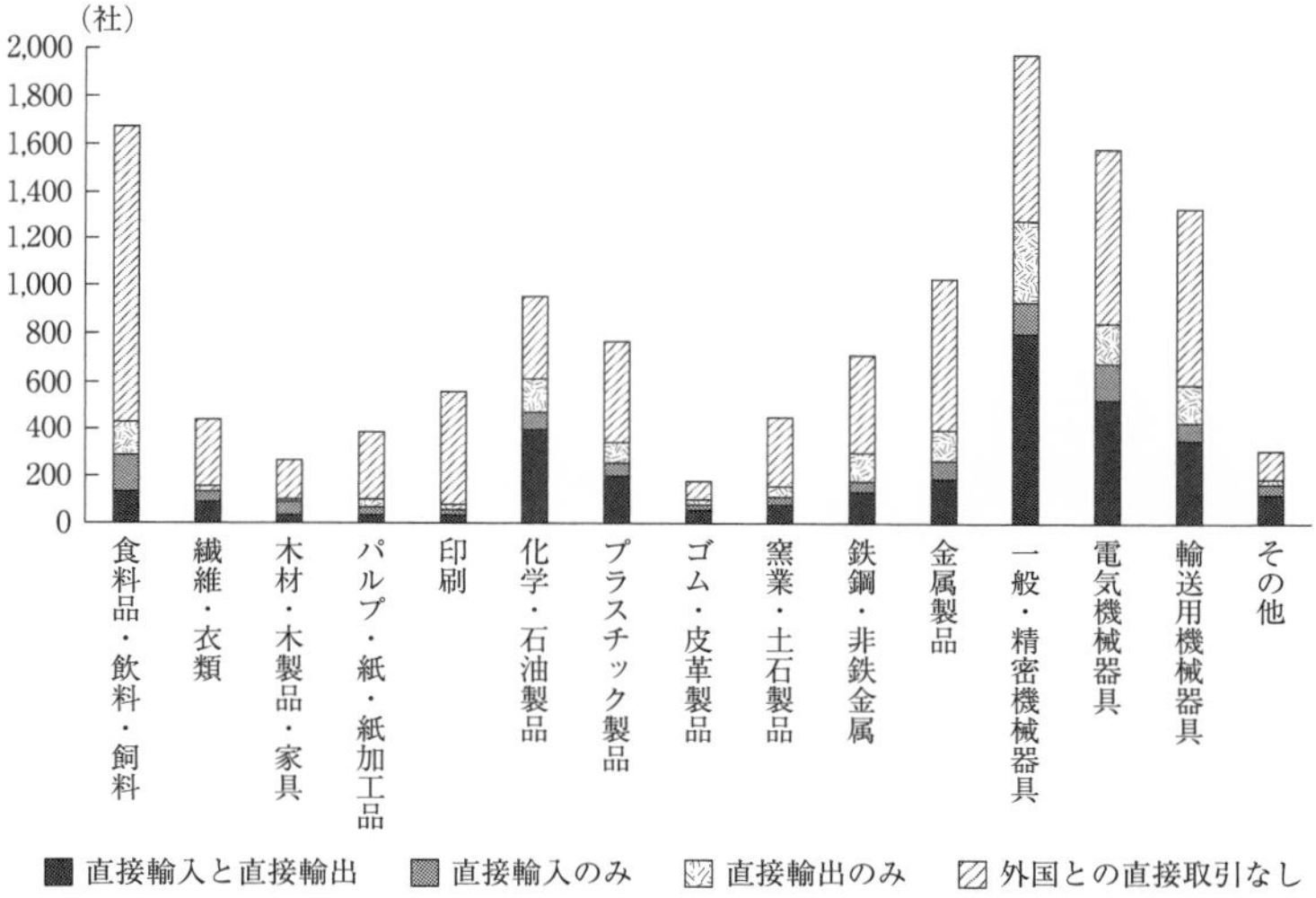

出所：経済産業省『企業活動基本調査』平成30年調査（平成29年度実績）の調査票情報より筆者作成。

と直接輸出を両方行っている企業、直接輸入のみ行っている企業、直接輸出のみ行っている企業、どちらも行っていない企業（非国際化企業）の数が示されている。印刷、パルプ・紙・紙加工品、そして食料品・飲料・飼料で、非国際化企業がサンプル全体の四分の三かそれ以上を占めている。対して、化学・石油製品と一般・精密機械器具では、非国際化企業はサンプル全体の三分の一程度と少ない。また、全産業をまとめて見ると、国際化企業のうち半数以上が直接輸入と直接輸出を両方行っている。直接輸入と直接輸出を共に行う企業の比率はサンプル全体の25％であるのに対し、直接輸出だけを行う企業はその半分以下の12％、直接輸入だけを行う企業はさらに少ない８％であった。これらの特徴は、２０１６年度以前のデータでも観察された[13]。

国際化企業の中で輸出と輸入を両方行う企業の比率が高いということは、国際化企業の多くがグローバル・サプライ・チェーンの中で、国外からの原材料や部品の調達（輸入）と国外への供給（輸出）に共に関与しているということである。その理由は二つの側面から説明できよう。

まず、企業の大きさや他企業との取引関係など、直接輸入を促す要因と直接輸出を促す要因が企業内で似通っていることが考えられる。例えば、企業は外国と取引をするにあたり、取引相手国・企業の情報を得るために従業員を派遣したり、必要があれば現地に子会社・関連会社を設立したりする。海外事業・国際取引を担当する部署を社内に作り、その知識を有する従業員を育成・採用する必要もある。これらを行えるのは、輸出目的であっても輸入目的であっても、比較的規模の大きな企業であろう。そして、このような国際取引を支える社内組織・資源は、当初は輸出あるいは輸入を目的としていたとしても、もう片方の取引の促進にも役立つ。

加えて、企業の生産増加や国際分業体制の構築を通じた、輸出と輸入の相互依存関係もあろう。企業に輸入財をより多く投入できれば、それに応じて輸出財をより多く産出できる。輸出財をより多く産出するために、より多くの輸入財を必要とするという逆の因果関係もある。中間財の輸入によって生産性を高めた日本企業が輸出を拡大する、輸出を拡大させた日本企業がそれに伴う中間財の需要増加に対処するために調達先を海外に求める、あるいは、機械類の組み立てを海外の事業所に移し、日本企業は国内から部品を輸出し、完成品を輸入するというのがその例である。

国際化企業のプレミアム

国際化企業は、非国際化企業と比べて、売上高、労働生産性、賃金などが高いという特徴は、日本をはじめ多くの国で観察されている。このような「プレミアム」を、日本企業の2017年度のデータで確認したのが、図1‐9である。ここでは、企業を四つのグループ（直接輸出と直接輸入を共に行う企業、直接輸出のみ行う企業、直接輸入のみ行う企業、直接輸出も直接輸入も行わない非国際化企業）に分け、非国際化企業グループと比べた三つの国際化企業グループのプレミアムを図示している。(14)

プレミアムを計算した六つの指標を説明しよう。①売上高と②従業者数は、各企業のこれらの数字をそのまま用いている。③資本集約度、④労働生産性、⑤平均賃金は、それぞれ有形固定資産、付加価値、給与総額を従業者数（常時従業者数と受け入れた派遣従業者数の合計）で割ったものである。(15)最後に、⑥全要素生産性は、従業者数、有形固定資産、産業特性以外で、企業の付加価値創出に貢献する企業の特性である。(16)

図1‐9を見ると、三つの国際化企業グループのいずれにおいても、六つの指標全てでプレミアムが計測され、非国際化企業と比べ、企業特性がシステマティックに異なっていることがわかる。(17)また、六つの指標のうち五つで、国際化企業プレミアムの大きい方から小さい方の順に、直接輸出・直接輸入企業、直接輸出企業、直接輸入企業となっている。(18)

前項で、企業が直接輸出や直接輸入を行うには追加の投資や経費が必要であり、それらはたとえ当初は輸出促進を目的としていても、輸入側を促進する要因にもなりうることを説明した。しかし、図1‐9からは、直接輸出を行うための支出額は、直接輸入を行うための支出額よりも高いことが示唆

図1-9　国際化企業のプレミアム

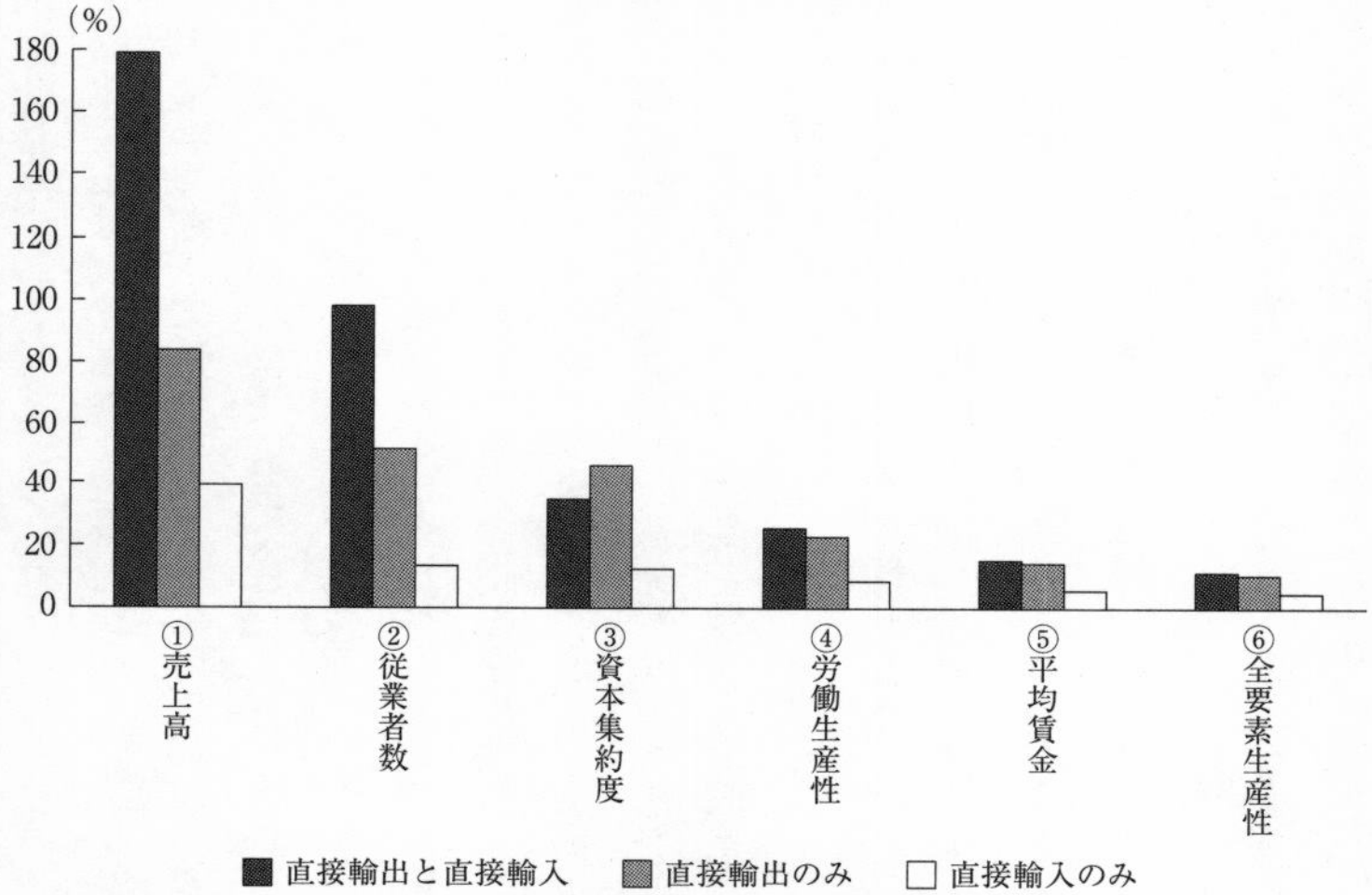

注：縦軸の数字は、各国際化企業グループと非国際化企業との間での指標の差（プレミアム）が、非国際企業の指標の何%に相当するかを示す。
出所：図1-8と同じ資料より筆者作成。

される。その背景には、日本企業が中間財として輸入する部品は、自動車でも各種電子機器でも国際的に仕様や属性の共通化が進み、情報収集や輸入手続きにそれほど費用や手間がかからないのに対し、日本企業が輸出する商品には最終財が多く、部品よりも差別化され、他社商品と比較した自社商品の優位性を外国の購買者に伝達し理解してもらうための費用をより多く要することがある。輸出と輸入の両方を行えるのは、売上高が大きく、あるいは生産性が高く、両方の活動に必要なコストを支出してもそれ以上の利益増が期待できる一部の企業に限られる。

貿易を行う製造業企業は、概して企業規模が大きく、資本を多く用い、従業員に高い賃金を支払い、生産性が高い。このことは、私たちの印象とも一致している。生産性の高い企業であれば、あるいは従業員の多い企業であれば、輸出や輸入に伴う様々なコストを負担しても、それを上回る利益を上げることができるため、貿易を行う。輸出に要するコストには、現地の消費者の嗜好を調査すること、商品を海外仕様に変更すること、輸出を担当できる社員を雇用すること、現地に販売子会社を設立することなどが含まれる。輸入にも、自社商品の品質を維持できる中間財供給メーカーを探すこと、海外メーカーとの契約をモニタリングすること、場合によっては子会社・関連会社を海外に設立することなど、多様なコストがかかる。これらを負担できる企業は限られていよう。

企業特性の分布

図1-9で国際化企業にはプレミアムがあることを示したが、これは、例えばある人数以上の従業員を有する企業のほぼ全てが国際化企業になるということまでは意味しないことに注意したい。国際化企業と非国際化企業の企業特性は、平均では大きく異なっているが、その分布にはかなりの重なりがある。このことも、これまでの研究で多くの国で観察された事実である。日本の中規模企業の2017年度データを用いて、この点を図示しよう。

図1-10は、貿易面の国際化に関する四つの企業グループ（直接輸出と直接輸入を共に行う企業、直接輸出のみ行う企業、直接輸入のみ行う企業、直接貿易を行っていない非国際化企業）のそれぞれについて、従業者数の分布（正確には、企業の従業者数を確率変数とみなした確率密度関数）を推定したものである。分布を見ると、非国際化企業グループが最も左に寄っていて、非国際化企業グループ内では従業者数

図1-10　国際化4グループにおける従業者数の分布の違い

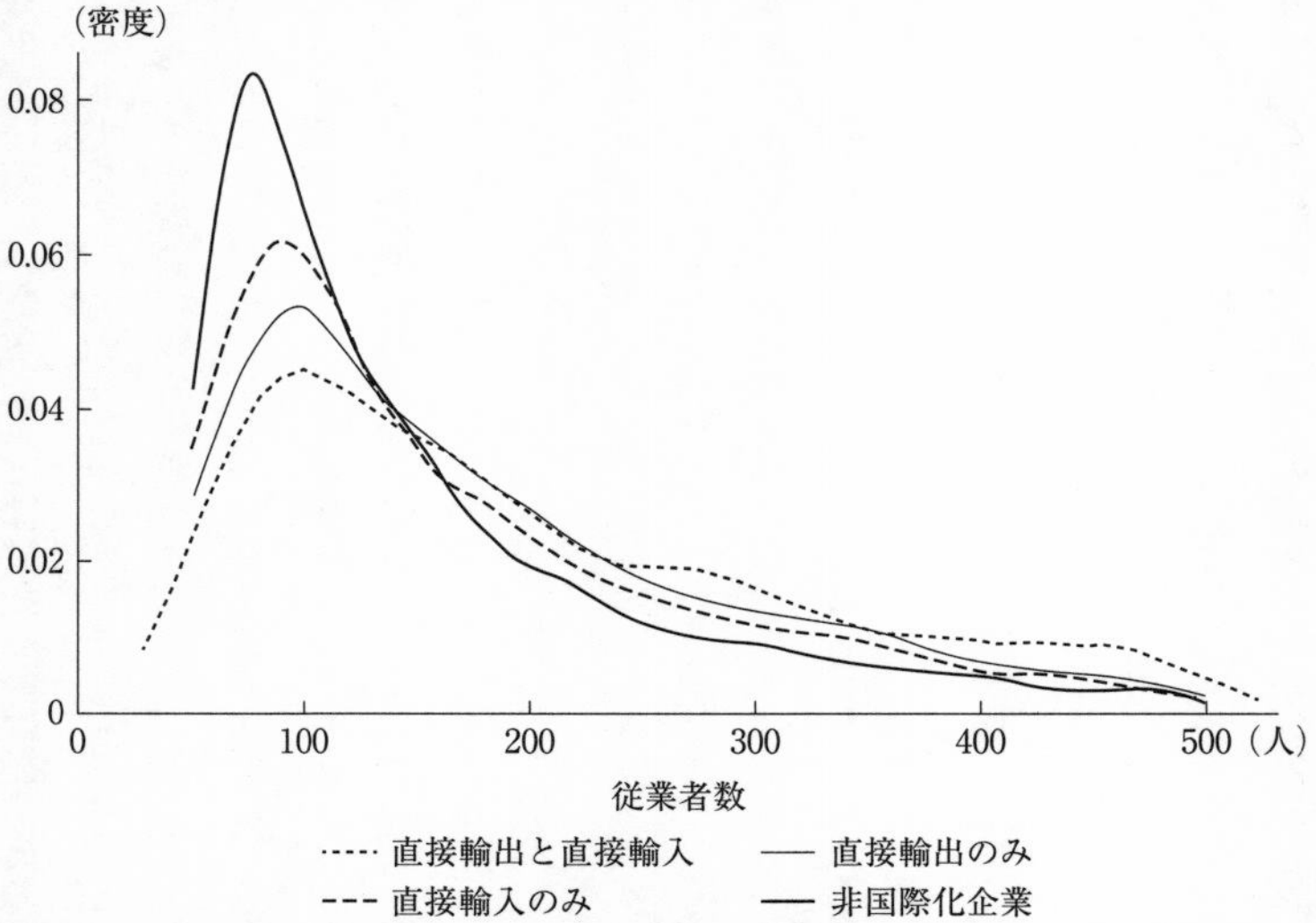

注：従業者数は、常時従業者数と受け入れた派遣従業者数の合計である。確率密度関数の推定では、カーネル密度推定を用いた。
出所：図1-8と同じ資料より筆者作成。

の比較的少ない企業（例えば、150人以下の企業）の比率が高いことがわかる。ここから、直接輸入のみ、直接輸出のみ、直接輸出と直接輸入の順に、分布が右に寄ってゆく。そして、従業者数の比較的多い企業（例えば、150人以上の企業）の各グループにおける割合は、直接輸出・直接輸入企業グループで最も高くなる。

ただ、ここで着目したいのは、推定した関数に相当程度の重なりがあることである。従業者数がある人数を超えればその企業は国際化する、という二分法とは様相がかなり異なる。むしろ、同じ程度の従業員数を持つ企業群の中でも、各企業はそれぞれ異なる国際化グループに属している。そして、どのグループに属しているかは、従業員の数の大小からそれほど強い影響を受けないのである。この、企業特性が国際化モードを強く規定するわけではないという性質は、プレミアム率のあまり高くない労働生産性、平均賃金、全要素生産性では、より顕著に表れる。

企業特性と国際化モードに強い関係がないという事実は、企業の国際化への政策介入において、重要な意味を持つ。企業が輸出や輸入を行うことで、その企業の生産性が上昇したり規模が拡大したりする効果が期待できるのであれば、企業の国際化を促進する政策は検討に値する。そしてその政策としては、合併の支援で企業の規模を大きくしたり、経営改善支援で生産性を高めたりすることなどを通じて企業に貿易を開始させる間接的な政策よりも、貿易に伴う困難を取り除くような直接的な政策が望ましい。なぜなら、企業特性と国際化モードに強い関係がないため、企業規模や生産性といった企業特性を変えても、企業が期待通りに国際化するかどうか不確実性が高いからである。また、このような企業経営への支援策は、市場競争を歪曲する負の副作用も生じさせる。(19)加えて、貿易インフラ整備のような直接的な政策であれば、準公共財的な役割を持ち、その利益が多くの企業に行き渡ることがある。貿易インフラ整備の例として、港湾設備の改善、税関手続きの効率化、各国の通関関連情報の集約と公開などがある。貿易活動の支援策については、第6章5節で改めて議論する。

オフショアリングの定義

ある企業が国内取引先から外国に原材料や部品の調達先を変更したり、外国からの調達額を増加したりすると、結果としてその企業の経営全体に影響が及ぶ。これは本書の課題である、輸入ショックが雇用や賃金に及ぼす影響のうち、輸入の中間財としての側面で非常に重要な経路である。ただ、本章で用いている直接輸入のデータには、もともと日本国内から調達することがほぼ不可能な天然資源が含まれているので、この直接輸入を中間財とみなすことは適切でない。そこで代わりに、輸入が雇用と賃金に与える影響の分析では、オフショアリングを中間財輸入の一指標として用いる。本書におけるオフショアリングの定義は、企業が国内で調達できる原材料や部品を国外からの輸入に切り替えることとする。

本書では、企業の輸入指標として直接輸入を用いているため、使用したデータで可能な範囲で適切なオフショアリングの指標を定義する。まず、間接輸入額は、オフショアリングに含めない。実際には、製造業企業が卸売業企業を通じて間接的に輸入する原材料や部品もオフショアリングの重要な一部であるが、ここではそのデータが得られないため、間接輸入は含めない。

次に、日本国内ではほとんど産出されない天然資源を多く用いる産業は、オフショアリングの分析から除外する。仕入額に占める直接輸入額の比率が特に高い化学・石油製品、ゴム・皮革製品、そして鉄鋼・非鉄金属は、このような産業に該当する。本書第4章では、これらの産業の下位分類の中の、石油精製業・その他の石油製品製造業、タイヤ・チューブ製造業、粗鋼・鋼材・鉄鋼製品、そして非鉄金属製錬・精製の四産業を、分析対象から除く。

最後に、直接輸入のうち、中東を除くアジアからの輸入のみを用いる。１９９０年代から、中国やその他のアジアの国々で経済成長が加速し、製造業の生産能力も向上し、日本企業に中間財を多く供給するようになっている。また、日本の多国籍企業がアジア諸国に製造拠点を設け、生産工程を分割してそれらを最適な国に配置し、生産ネットワークを構築する動きも活発になっている。[20] これらは日本企業のオフショアリングの進展と密接な関係がある。アジア以外の地域では、日本企業のオフショアリングに大きく影響するような、経済環境の変化や国境を越えた生産ネットワークの整備は見られない。そこで、アジアからの直接輸入をオフショアリングの指標として使用する。

オフショアリングの定義には様々なものがあり、本書の定義もそこから逸脱するものではない。オフショアリングに関する多くの研究では、企業が外国から仕入れた財やサービス全てをオフショアリングと呼んでいる。[21] 他方で、多くの企業で共通に使用できる汎用品の調達・購買をオフショアリングの範囲に含めず、当該企業特有の特注品・サービスの委託・外注に限定する厳密な定義もある。[22] 本書の定義は、後者に近い。本書の定義では間接輸入は含めないが、この間接輸入に汎用品や国際規格によって基準化された商品が占める割合は比較的高いと思われる。これに対して直接輸入には、輸入企業特有の特注品や他社があまり取り扱わない特殊な製品が多いであろう。[23]

5.「インクルーシブ」な貿易

本書の第6章では、輸入ショックによる労働者への負の影響を軽減し、貿易の利益を多くの国民に均霑するための政策を検討する。この目的が達成できる貿易を「インクルーシブな貿易」と言う。「インクルーシブ」とは、包摂的であること、全てを包み込むことを表す英語の形容詞である。現代の日本では、多様性を認め合い、能力や信条や性的志向などによる差別を受けず、皆が社会活動に等しく参加することや、そうなるための政策を表現する際によく用いられる言葉である。

国際経済の文脈では、この言葉は2000年代から、主に国際機関が望ましい経済成長や開発を表現する際に多用されるようになった。(24)「インクルーシブな成長」あるいは「インクルーシブな経済発展」とは、論者によって定義に揺れはあるが、国民の誰もが所得増加や生活水準向上の果実を受け取れるような経済成長をおおよそ意味する。経済成長にこれまで取り残されてきた人々にもその恩恵を届けることを目指すので、所得格差が拡大しないような成長も含意する。

このようなインクルーシブな経済成長に、国際貿易は貢献できるであろうか。国際貿易は一国全体としては経済成長を促進する効果があること、ただし個々の労働者への効果は様々で、労働者によっては失業や所得減少を被る可能性があることは、様々な研究が理論的にも実証的にも示してきた。つまり、貿易はそのままではインクルーシブな経済成長に寄与しないのである。そこで、2010年代には、インクルーシブな経済成長に寄与するような通商政策・国内政策を伴う国際貿易を、世界銀行、国際労働機関、WTOなどの国際機関が「インクルーシブな貿易」と呼ぶようになり、インクルーシブな貿易を達成するための政策指針を検討してきた。(25)

インクルーシブな貿易の定義は、本書では国連アジア太平洋経済社会委員会が2013年に刊行した『アジア太平洋貿易投資レポート』に掲載された、「全ての人々が貿易に参加でき、そこから利益を得ることができること」(UNESCAP, 2013) を用いる。(26)この定義は簡潔明瞭であり、かつ指針として適切だと思われる。第6章では、この定義に沿う成果が得られるような経済政策を検討する。

インクルーシブな貿易を達成するための政策の検討に際して、本書で筆者が留意することを二点述べておきたい。

一点目として、インクルーシブであることは、全ての労働者が今の職と賃金を維持することを意味しない。輸入ショックは雇用と賃金に正負様々な影響を及ぼすが、悪影響を抑える政策として、輸入を制限したり、輸入競争が原因で事業所が閉鎖されないように補助金を供与したりすることは、優先度が低くなる。これらより望ましい政策は、効率的な労働移動と柔軟な産業構造変化を支援し、労働者が輸入ショックの負の影響から逃れやすい環境を整備することである。その根拠も第6章で説明する。

二点目として、輸入ショックそのものに対するインクルーシブな政策を検討することである。輸入拡大の直接的で目立つ影響は、労働者の離職や賃金低下といったマイナス面として表れやすい。インクルーシブな貿易という観点からは、これに対して輸出拡大を図って、労働者を輸出産業に移動させるという政策もあるかもしれない。しかし本書では、輸出拡大のための政策は検討しない。輸入ショックの望ましくない影響を速やかに軽減し、むしろ輸入ショックからより多くの労働者がプラスの効果を得られるような政策を提案する。

6. 貿易理論における輸入ショック

基礎理論における雇用と賃金の扱い

輸入が雇用と賃金に及ぼす影響は、国際貿易理論ではどのように説明されているであろうか。多くの国際貿易の授業では、伝統的な貿易理論であるリカード・モデルとヘクシャー＝オリーン・モデル

（ＨＯモデル）の説明から始めると思う。そこで、これらのモデルにおける輸入と雇用・賃金の扱いを紹介する。

リカード・モデルは、イギリスの古典派経済学者デヴィッド・リカードが提唱したもので、２００年以上の歴史がありつつ、経済学でまず学ぶべき事項の一つという位置を現在でも占めている。この理論では、輸入こそが貿易利益の源泉である。それは、ある国の労働者が一定時間働いて得た所得で購入できる比較劣位財の量は、比較劣位財を国内での生産から外国からの輸入に切り替えることで増加する、というものである。言い換えれば、輸入によって、比較劣位財で評価した実質賃金は増加するのである。

雇用への影響は非常に大きい。貿易の開始によって比較劣位財（輸入財）の国内生産がなくなるので、それまで比較劣位財の生産に従事していた労働者は全員離職し、生産が拡大する比較優位財（輸出財）の生産に入職する。ただ、この労働移動はスムーズに行われると、通常は想定する。そのため、貿易開始後も完全雇用は達成されており、全ての労働者が前述の実質賃金増加を享受する。

スウェーデンの経済学者エリ・ヘクシャーとベルティル・オリーンによるＨＯモデルでは、リカード・モデルと異なり、貿易によって実質所得が上昇する国民と下落する国民が発生する。この上昇と下落は、その国民が所得の源泉となる生産要素のうち何を保有するかで決まる。

ＨＯモデルの説明にあたっては生産要素を労働と資本の二つとすることが多いが、ここでは高技能を持つ労働者とそれを持たない労働者（低技能労働者）とする。考察対象の国を自国、それ以外の国を外国として、もし自国が外国と比べて高技能労働者が比較的多く存在すれば、貿易が行われると自国では高技能労働者の実質賃金が上昇し、低技能労働者の実質賃金は下落する。逆に、もし自国に低技能労働者が多く存在すれば、貿易によって高技能労働者の実質賃金は下落し、低技能労働者の実質賃金は上昇する。つまり、国内に豊富に存在する労働者グループの実質賃金は上昇し、他のグループの実質賃金は下落するのである。これは、ストルパー＝サミュエルソン定理と呼ばれるものである。

注意してほしいのは、この実質賃金の変化は、その労働者が比較優位産業と比較劣位産業のどちらで働いていたかで決まるのではなく、その労働者の持つ生産要素で決まるということである。これは、リカード・モデルと同様、ＨＯモデルでも労働移動はスムーズに行われるため、同じ生産要素を持つ労働者の賃金はどの産業でも等しくなるからである。

なお、離職については、ＨＯモデルでも比較劣位産業から比較優位産業に労働者が移動するものの、貿易前後の生産量の変化がリカード・モデルほど急激ではないため、労働移動の規模は小さくなる。また、リカード・モデルと同様、貿易開始後も完全雇用が速やかに達成されると想定されている。なお、本書の「ウェブ補論」では、国際経済学における代表的な四つの国際貿易モデルを取り上げ、それらの理論の概要と、そこでの実質賃金と労働移動を説明している。

基礎理論における労働移動の扱い

伝統的貿易理論における雇用と賃金の扱いで、現実と大きく異なると読者が思われるのは、まず何より、貿易が開始された後に完全雇用（失業者が存在しない状態）が速やかに達成されるという点であろう。実際には、輸入ショックによって離職を余儀なくされた労働者は、たとえ輸出産業で労働需要が強まっていたとしても、スムーズに輸出産業に入職できるわけではなく、失業する可能性がある。また、同じタイプの労働者の賃金がどの産業でも等しくなるという設定も、読者には現実的だと思われないであろう。性別・学歴・年齢等で同じ属性を持つ労働者であっても、従事する産業が異なれば、賃金は異なってくる。これらの理論と現実の乖離は、主に国際貿易理論が設定する、摩擦のない労働移動に起因する。

本書の「ウェブ補論」で紹介している国際貿易の基本理論では全て、離職は発生するが、失業は発生しない。労働市場は完全競争的で、労働の供給量と需要量が一致するところで賃金が決まり、完全雇用が常に達成されるとしている。生産要素である労働者は、より高い賃金を提示する企業に条件が合えば躊躇なく移動し、その移動を摩擦なく瞬時に完了でき、失業状態でいるよりはどんなに低い賃金でも働くことを好む。また、生産要素の需要側である企業は、利潤がゼロ以上であれば瞬時に生産を開始し、労働者を新たに雇用する。その結果、国内の全ての生産者は、産業にかかわらず、同質の労働者には同じ賃金を支払う。このような摩擦のない労働移動は、もちろん現実の労働市場では観察されない。

これは、国際貿易の研究者が労働市場の調整の困難さや複雑さに無頓着であることを意味しているわけではない。経済活動を分析できるように研究者がモデル化する場合、分析の焦点によってモデル化の方法が異なるのである。

国際貿易の基本モデルでは、貿易が経済厚生や産業構造などに与える影響を見ることに分析の焦点を当てる。ここに労働市場の不完全性や調整プロセスも含めると、議論が複雑になって、貿易の本質や長期的な影響が見えづらくなる。そこで、貿易がない状態（閉鎖経済）から貿易がある状態（開放経済）への転換の影響、あるいは貿易障壁がより低下する影響を分析する際、労働や資本といった生産要素の産業間・企業間移動が完全に終わってから、言い換えれば貿易ショックの波が完全に収まるまで待ってから、ショックの前後の経済状態を比較して評価するのである。

労働移動の摩擦については、労働経済学の分析対象である。同質の労働者であっても雇用される企業によって賃金が異なることや、失業が存在することを、例えば仕事を怠ける労働者を発見する能力が企業によって異なること、労働者と企業が公正とみなせる賃金で合意していること、労働者の資質と企業の採用条件のマッチングが時に難しいことなどから説明することができる。また、労働経済学では、労働者の特徴によって異なる労働移動の特徴も分析する。例えば、女性の離職者は、非正規雇用になったり、労働市場から退出したりする可能性が高いという事実を明らかにし、またその背景を検討する。

もちろん、このような労働市場の不完全性や労働者の異質性の重要性は、国際貿易の研究者も理解している。そして、これらの側面を組み込んだモデルを用いて、貿易が賃金や失業に与える影響を分析した研究も多くあることは、明記しておきたい。

追加で考慮する特徴

輸入ショックが雇用や賃金に及ぼす影響を検討するにあたり、現実経済で比較的重要な特徴を代表的な貿易理論において追加で考慮する必要がある。ここではそのうち主要な三つの点を紹介する。

第一の特徴は、労働者の企業間・地域間移動の困難さである。前述のように、標準的貿易モデルの設定では、労働者はより高い賃金を提示する雇用先に自由に移動できる。そのため、同じ属性を持つ労働者は経済全体で同じ賃金になる。そして、輸入の雇用や賃金への影響は、労働者の企業間・地域間移動が完全に終わった後の新たな状態として観察される。

しかし、このような労働者の完全な移動は、長い時間をかければ達成できるというわけではない。別の企業でより高い賃金が提示されていても、転職や引っ越しに伴う心理的負担、金銭的負担、不確実性を考えて、現在の職にとどまる人は多いであろう。転職はするが、引っ越しまではしないで済む地域内で求職活動をする人もいる。そもそも、別の企業で働いた場合に得られる賃金を正確に知ることは難しい。そのような情報の不完全性と労働移動の困難さがあると、輸入の賃金への影響は、同じ属性を持つ労働者であっても、勤務する企業や地域によって異なってくる。このことを、輸入の地域雇用への影響を分析する第2章や、賃金への影響を計測する第3章で考慮する。

第二の特徴は、原材料・部品の輸入である。本節や「ウェブ補論」で紹介した代表的な国際貿易モデルでは、取引される商品は最終財で、輸入した国ではそれを消費者が購入する。しかし、現在では、ある商品の生産工程がある国の国内で完結する事例は少なくなり、多くの商品は原材料から完成品までの生産工程が複数国間にまたがっている（グローバル・サプライ・チェーン）。そして、企業は外国から原材料や部品を輸入し（オフショアリング）、それを用いて自社製品を作り、それを最終財あるいは中間財として販売する。

このようなオフショアリングは、国内の労働者に最終財の輸入と異なる影響を及ぼす。最終財の輸入は、自国で生産された最終財との競合相手になるので、最終財の輸入の増加は国内で競合品を生産する企業の雇用や賃金を減らす効果がある。これに対して、オフショアリングによる原材料・部品の輸入は、それらを用いて生産する企業にとっては、コストの削減やより魅力的な商品の生産を可能にする。それによって、企業規模が拡大して新たに従業員を雇用したり、雇用者の賃金を引き上げたりする効果が期待できる。この側面は、投入・産出関係における上流産業からの輸入が中小規模事業所の雇用を増やしたという第2章の結果、上流産業からの輸入が大規模企業の従業者の賃金を引き上げたという第3章の結果、そしてある企業のオフショアリングによってその企業の全従業員の所定内労働時間が短くなり、年間時給が上昇したという第4章の結果を説明する。

第三の特徴は、国内の企業間取引である。代表的な国際貿易モデルでは、企業は労働や資本といった生産要素を用いて最終財を国内で生産し、それを国内外の消費者に供給する。しかし、実際の経済活動では、この生産工程の全てを自社内で完結させている企業はほとんどなく、各企業は原材料や部品の取引を他社と活発に行っている。このような企業間取引ネットワークがあると、最終財の輸出や原材料・部品の輸入の影響が、外国と直接取引していない国内企業にも及ぶ。

本章第4節で説明したように、日本国内の企業のうち、外国と直接輸出入をしている企業はごく一部である。そして、これら直接貿易企業は、規模が大きく、賃金水準が高いので、国際貿易の利益がこれら直接貿易企業にとどまると、国内労働者の間の賃金格差を拡大させてしまう。しかし、国際貿易の影響は、自社自身は外国と直接取引しないが、自社の国内取引先が直接貿易企業である間接貿易企業にも、国内取引関係を通じて及ぶことが予想される。これら間接貿易企業にも貿易の利益が及ぶことは、国際貿易の利益の国内への均霑に資する。この側面を第5章で検討したところ、直接貿易企業が輸出や輸入を拡大させると、その企業に商品を供給する国内取引先の廃業を防ぐことがわかった。

第1章のまとめ

・1996年からの20年間で、中国からの輸入は急増し、特に電気機械器具で増加が顕著だった。
・2016年の従業員一人当たり輸入は、東京や大阪が一千万円超で、二千万円超の地域もあった。
・20年間の従業者数減少率が最大の産業は繊維・衣類、従業者減少数が最多なのは電気機械器具。
・製造業の雇用者総数は逓減していたが、事業所ごとに見ると雇用の創出も喪失も活発だった。
・存続事業所よりも参入・退出事業所の方が、雇用創出・喪失への寄与が大きかった。
・労働者の平均年収には、産業、地域、企業規模、労働者の属性など、様々な要因が影響した。
・外国と直接貿易をする日本の国際化企業のうち、半数以上は輸入と輸出の両方を行っていた。
・国際化企業は非国際化企業と比べて、企業規模、賃金、生産性などが高かった。
・「インクルーシブな貿易」とは、多くの国民に裨益する経済成長に寄与する貿易のことである。
・本書の実証分析は、貿易理論に労働移動の摩擦などを組み込んだ枠組みに基づいている。

補論：計量手法の概要——差の差推定と操作変数法

差の差推定

本書の第2章から第5章では、輸入ショックが原因、雇用・賃金が結果である因果関係を推計する。この補論では、その際に用いる手法である「差の差推定」と「操作変数法」の概要を、読者の準備のために説明する。なお、分析結果を解釈する際に用いる仮説検定の考え方は、本書の「ウェブ補論」、さらには統計学の入門書などを参照してほしい(27)。

最初は、差の差推定である。その考え方を、ある企業によるオフショアリングの開始が、その企業の従業者の年間給与に及ぼす影響で説明する。企業Aは、2004年度までオフショアリングを行っておらず、2005年度にオフショアリングを開始した。そして、この企業の従業者の年間給与は、2004年度から2008年度までの4年間で5％上昇した。この5％のうち、どの程度がオフショアリングによる影響であろうか。

企業Aとよく似ているがオフショアリングは行っていない企業を見つけて、その企業の従業者の年間給与と比較すれば、オフショアリングの影響を推定できるかもしれない。そのような比較対象として企業Bを選んだところ、企業Bでは同期間に年間給与が2％増加していた。企業Aの年間給与は、もしオフショアリングを行っていなければ企業Bと同様に変化するという仮定が成り立てば、オフショアリングが年間給与を押し上げる効果の推定値は、5％と2％の差、すなわち4年間で3％となる。

「差の差推定」という名前は、この計算手続きからきている。効果を測定したいショック（ここではオフショアリング）とその効果が表れる変数（年間給与）について、まず、このショックを受けた調査対象（企業A）の比較対象（企業B）を探す。次に、調査対象と比較対象のそれぞれについて、効果が表れる変数の2時点間の差を計算する（5%と2%）。最後に、この二つの差の差（5%マイナス2%）をとれば、ショックの変数への効果を推定できる。

操作変数法

次に、操作変数法である。この方法を、すでにオフショアリングを行っている企業について、オフショアリングの増加や減少がその企業の国内従業者数をどのように変化させるかを分析する事例で説明する。

この分析の大きな課題は、国内従業者数とオフショアリングでは、因果関係が相互に働いていたり、別の要因も両者に影響を与えていたりすることである。そのため、オフショアリングを説明変数に使って国内従業者数の回帰分析をしても、そこで得られた係数の推定値は、オフショアリングの変化が原因で国内従業者数の変化が結果という因果関係を適切には表さない。

例えば、国内の事業所で部品と完成品を共に製造していた企業が、部品製造の国内事業所を閉鎖して外国に移設したとする。この理由には様々なものが考えられる。外国で当該企業が求める部品を生産できるようになったり、国際輸送費が低下したり、情報通信技術の進展で国境をまたいだ生産管理が容易になったりしたからかもしれない。これらは、企業の外部で決まる、オフショアリングを推進する要因である。これに対して、企業の内部から生じる要因もある。海外への事業展開を担える人材が社内に増えた、部品製造工場の周囲が宅地化され操業が困難になった、国内市場で外国製品との競争が激化して、生き残りのために生産コストを引き下げなければならなくなった、などである。

企業の経営判断によって、国内の部品製造事業所の従業員は解雇され、オフショアリングは増える。この時、オフショアリングを説明変数として国内従業者数の回帰分析を行っても、そこで得られたオフショアリングの影響の推定値は、オフショアリングが原因の影響と異なる。それは、この推定値には、オフショアリング以外の要因によって生じた、オフショアリング拡大と従業者数減少の効果も含んでいるからである。

先ほどの例を使うと、これは次のように説明できる。ある企業が、住宅地の中にある部品製造工場を閉鎖することにした。この工場の従業員には他の工場への配置転換を提示したものの、それを断って退職を選んだ従業員も半数程度いた。折しもその企業は、操業を停止した工場で生産していた商品を同規格で生産できる委託先を上海市で見つけた。輸送費用も低下したことで、中国から輸入しても以前より安くなった。そこで、この企業は当該商品を中国から輸入することにした。この状況で、オフショアリングを説明変数として国内従業者の回帰分析を行うと、オフショアリングが原因ではない部品工場の操業停止の効果も拾ってしまい、雇用を減少させる効果が実際の効果よりも強く表れる。

この問題について、操作変数法はどのように対処するのであろうか。まず、オフショアリングと相関があり、かつ、国内従業者数には直接影響しない変数を探す。この変数を、操作変数と呼ぶ。次に、操作変数を説明変数として、オフショアリングの回帰分析を行う。これを1段階目の推計という。最後に、1段階目の結果から得られたオフショアリングの予測値を説明変数に用いて、国内従業者数の回帰分析を行う。これは2段階目の推計である。1段階目の推計で、オフショアリングに影響を与える企業外の要因から予測された、当該企業のオフショアリングの値が求まる。その値を用いて2段階目の推計を行えば、オフショアリングが原因である国内従業者数の変化が得られる。

操作変数法を用いる場合、最も大きな困難は適切な操作変数の探索であることが多い。この例であれば、ある企業のオフショアリングの操作変数として、同業他社のアジア子会社・関連会社が日本以外の地域に輸出した金額が候補になりうる。これは、前述の操作変数の条件、すなわち、当該企業のオフショアリングと相関があり、かつこの企業の国内従業者数には直接影響しないということを満たすと考えられる。まず、この輸出額は、当該企業が属する産業全体のアジアにおける生産ネットワークの程度や、アジア諸国におけるこの産業の生産物の輸出供給能力を表しているので、当該企業のオフショアリングと相関がある。また、この輸出額は同業他社の子会社・関連会社のものなので、当該企業の経営判断は反映せず、かつ日本への輸出額は含まないので、日本の国内市場での競争を通じた効果もなく、そのため当該企業の国内従業者数には直接影響しない。

【第1章　注】

（1）この比率は、世界銀行のWorld Development Indicatorsから計算した。
（2）日米貿易摩擦の概要については、例えば近藤（2011）を参照。
（3）それぞれの用語について、簡単に説明しておこう。輸入割当は、外国からの輸入数量に上限を設けるものである。日本ではイカや海藻などの水産物、そしてオゾン層破壊物質に適用されている。該当品目の輸入者は、その数量の割り当てを経済産業省に申請する必要がある。関税割当は、一定の輸入数量の枠内に限って、無税あるいは低税率の関税を適用し、その枠を超える輸入分については高税率の関税を課すものである。農林水産省所管の品目として乳製品や豆類など、経済産業省所管の品目として皮革・革靴とメキシコを原産地とするクエン酸がある。国家貿易は、国の機関や国から権限を与えられた企業によってほぼ独占的に行われる貿易である。日本では農林水産省が米や麦など、国家貿易機関である独立行政法人農畜産業振興機構が乳製品の輸入を担当している。

(4) 本書の分析の関心は輸入にあるが、輸入と輸出は相互に連関しているので、本書の「ウェブ補論」では、輸入だけでなく輸出の図も掲載している。輸入と輸出が相互に連関していることを国全体の視点から述べると、ある国にとって外生的な理由から輸入が増加すると、それが国内の生産・消費パターンを変化させ、輸出も変化させる。特に、貿易以外の国際取引（金融取引や援助など）の収支を一定とすれば、貿易収支（輸出と輸入の差）も一定となるため、ある国で輸入が拡大すれば輸出も同額だけ拡大する。輸入の拡大が一国全体に与える影響は、この両方の影響からの総効果として表れる。これが、国際貿易の研究で輸入と輸出の影響を共に考える一般均衡分析の視点を大事にしている理由でもある。本書では輸出の雇用や賃金への影響は明示的には分析していないが、輸入拡大の影響を考察する際に、輸入拡大が引き起こした輸出拡大の効果も含めている。

(5) 都市雇用圏の詳細な説明については、東京大学空間情報科学研究センターの都市雇用圏のウェブサイト（https://www.csis.u-tokyo.ac.jp/UEA/index.htm、2023年5月3日閲覧）を参照されたい。なお、都市雇用圏には極端なサイズの大小がある。例えば1996年の製造業従業者数を見ると、最も多い東京で約300万人、最も少ない北海道倶知安町では476人であった。ただ、規模のばらつきが非常に大きいことは、雇用圏の定義上やむを得ない。そして、雇用圏内では通勤移動が多いことから、職場の移動がしやすい地域、求職活動をする際に人々が地元と認識したりする地域に近いので、本書では雇用圏を地域労働市場の単位として分析に用いた。また、本書の分析では、分析期間中に災害で行政区域の四分の一以上が1年以上居住禁止となった市区町村は扱わない。具体的には、福島県富岡町、大熊町、双葉町、南相馬市、楢葉町、川内村、浪江町、葛尾村、飯舘村、川俣町、そして東京都三宅村である。このうち、南相馬市は小都市雇用圏の中心なので、この雇用圏も分析対象から外れる。そのため、分析対象となる雇用圏は、全国で228地域である。

(6) この算出に用いた製造業の産業分類は、15分類ではなく、より細かい108分類である。

(7) 本書では、「雇用」と「就業」の区別を厳密には行わず、「雇用」の指標として「従業者数」を用いる。「雇用」は、本来は使用者が労働者を雇うことを指し、雇用者には個人業主やその家族、あるいは使用者側である役員等は含まれない。しかし本書では煩雑さを避けるため、個人業主や役員等も含めた従業者全体の増減を「雇用の増減」と表現する。

（8）ここでの雇用創出数や雇用喪失数は、各事業所の期初と期末の従業者数の差から計算している。そのため、実際の就業者や離職者はこの数字よりも多いかもしれない。例えば、ある事業所の従業者数が、２００６年で15人、２０１６年で20人だったとしよう。本書での計算では、これは存続事業所による5人の雇用創出となる。もし２００６年での従業者全員が２０１６年まで継続して働き、加えて5人が新たに雇用されたのであれば、計算上の雇用創出数と実際の雇用創出数は同じになる。しかし、これは9人が入職し、４人が離職した結果かもしれない。各事業所の入職・離職者数がわかれば、雇用の変化をより詳細に分析できる。しかし、その数を日本の全事業所を対象に調査した統計は、現時点ではないので、内実は不明である。

（9）本書での名目年収は、厚生労働省『賃金構造基本統計調査』の調査対象となった労働者の名目年収を、復元倍率をウェイトに用いて平均をとったものである。また、ある年に調査対象となった労働者の名目年収は、その年の6月に得た現金給与額を12倍したものに、前年に得た年間賞与その他特別給与額を加えたものである。日本では賞与は7月と12月に支給されることが多いので、このようにして得た年収は、調査年の年間収入よりも、むしろ調査前年の7月から調査年の6月までの年間収入に近い定義であろう。

（10）ここでの一般労働者とは、厚生労働省『賃金構造基本統計調査』の定義に基づくものである。短時間労働者とは、同じ事業所の一般の労働者と比べて1日の所定労働時間が短い、あるいは1週の所定労働日数が少ない労働者を指す。また、臨時雇用者とは、日々または1か月以内の期間を定めて雇われている労働者のうち、調査年の4月または5月に雇われた日数がどちらの月でも17日以下の労働者である。一般労働者とは、短時間労働者でも臨時雇用者でもない労働者のことであり、雇用期間の定めの有無は問わない。

（11）この時期に賃金が上昇しなかった理由や背景については、例えば玄田（編）（２０１７）に収められた諸論文による多角的な分析が有用である。

（12）本節で使用したデータは、経済産業省『企業活動基本調査』平成30年調査（平成29年度実績）の調査票情報である。この調査では、従業者50人以上かつ資本金または出資金三千万円以上の企業が調査対象である。また、一部の産業に属する企業は調査対象から外れる。本節で紹介した製造業企業のデータには1万２６１１社が含まれている。これは、『企業活動基本調査』の調査票情報から、石油精製業と非鉄金属製錬精製業に属する企業を除いた後の数字である。

（13）国際化企業の産業別分布の傾向は、やや古いが、１９９７年のアメリカと同じである（Bernard et al. 2007）。他方、１９９７年のアメリカと異なるのは、直接輸出だけをする企業が、日本にはそれほど多くないという点である。アメリカでは、分析対象企業に占める輸出だけを行う企業の比率は16％で、これは輸出と輸入を共に行う企業の比率の11％より多かった。

（14）直接輸出と直接輸入を共に行う企業のプレミアムの計算は、この企業と非国際化企業の観測値を用いて、後述の六つの指標の対数値を被説明変数、直接輸出・直接輸入企業ダミーと15産業ダミーを説明変数に用いた最小二乗法の結果から求めた。直接輸出のみ行う企業と直接輸入のみ行う企業のプレミアムも、同様に計算した。各企業は四つのグループのいずれかに分類され、重複はない。なお、海外直接投資あるいは外資受け入れをしているものの、直接輸出も直接輸入も行っていない企業は、投資面でのみ国際化した企業の影響を除くため、非国際化企業に含めていない。

(15) ここで付加価値は、売上高、動産・不動産賃借料、給与総額、減価償却費、租税公課を足し合わせ、そこから売上原価と販売費及び一般管理費を除いたものと定義する。

(16) ここでの全要素生産性は、企業が生み出した付加価値を、最小二乗法を使って従業者数、有形固定資産、産業ダミーで説明し、説明しきれなかった残差として求めた。例えば、同じ産業で、従業者数も有形固定資産も同じ二つの企業があり、一方の付加価値がもう一方の付加価値よりも大きければ、前者には優れた商品や人材など、雇用する従業者の数や使用する有形固定資産の多さでは説明できないビジネスの優位性があり、それが付加価値に貢献したと考える。ここではそれを全要素生産性と定義する。

(17) 全てのプレミアムは、99%の確率で0(プレミアムなし)と異なる。

(18) Tomiura (2007) は、輸出、海外直接投資、アウトソーシングの三つのモードにおける企業の生産性の順序を研究した嚆矢であるが、その順序は本研究と異なっている。これは、アウトソーシングとオフショアリングの定義や用いているデータの相違によると思われる。

(19) ある目的を達成するための経済政策は、その目的に直接働きかける手段の方が、間接的な効果を用いる手段より望ましい。その理由には、目的に沿った効果的な政策を立てやすく、政策効果の漏出や副作用が少なく、結果的に費用対効果が高いということがある。

(20) 日本企業の海外直接投資の概観と直接投資の経済効果に関する研究のサーベイについては、清田(2015)が詳しい。また、東アジアの生産ネットワークの特徴や日本企業への影響に関する研究例については、木村他(2016)を参照。

(21) Hummels, Munch, and Xiang (2014) による研究サーベイを参照。

(22) 冨浦(2014)が紹介する厳密な定義。

(23) オフショアリングの範囲をより限定する概念として、海外アウトソーシングがある。これは、オフショアリングのうち、自社と資本関係のない外国企業からの購入を指す。本書では、ある企業の外国からの中間財の輸入を、自企業の子会社・関連会社が作った中間財か、資本関係のない外国企業が作った中間財かで分けることまではしない。それは、この両者は当該企業の国内雇用・賃金に同じような影響を及ぼすと考えられるからである。例えば、ある自動車メーカーがエンジン部品を国内工場での企業内生産から外国からの輸入に切り替えると、国内生産の減少に伴って国内雇用（企業グループ全体の雇用ではなく）も減少するであろうが、その程度は輸入元がどこであるかとあまり関連はないと想定できる。確かに、企業の賃金については、その企業が国内・海外で得る収益全体から決まるので、海外アウトソーシングを促進させる要因と、自社グループ内での生産の海外配置を促進させる要因は、企業収益に異なる影響を及ぼすことは考えられる。しかし、両要因が企業収益、そして賃金を変化させる方向は同じであると想定され、かつこの両要因を峻別するのは困難であるので、海外アウトソーシングの効果のみを分析することは本書では行わない。

(24) その例として、Ali（2007）やCommission on Growth and Development, World Bank（2008）がある。

(25) その例として、ILO and WTO（2017）やIMF, World Bank, and WTO（2017）がある。

(26) UNESCAP（2013）による以下のインクルーシブな貿易と投資の定義を用いた。"Inclusive trade and investment imply that all people can participate in, and benefit from those activities"（p. 17).

(27) 差の差推定と操作変数法を企業のオフショアリングに適用した分析例と、仮説検定の考え方については、本書の「ウェブ補論」で説明されている。ただ、「ウェブ補論」の説明も、統計的手法の正確な理解には不十分である。関心のある読者は、計量経済学の教科書で学ぶことを勧めたい。例えば、学部専門課程の教科書であれば、藪（２０２３）が差の差推定と操作変数法を丁寧に説明している。また、学部専門課程から大学院修士課程の教科書である西山 他（２０１９）は、本書第２章から第５章の実証分析で用いた手法と表中の用語を全て説明している。国際貿易の実証分析については、清田・神事（２０１７）が理論枠組、分析手法、実証研究を有機的に説明している。

第2章

チャイナ・ショックは雇用を減らしたか

本章からは、輸入が製造業の賃金や雇用に与えた影響についての具体的な分析結果を紹介する。まずこの第2章では、急増した中国からの輸入が製造業の雇用に与えた影響を扱う。その際、産業別、あるいは地域別に集計した雇用総数の変化を見るだけでなく、雇用総数の変化を雇用の創出数と喪失数に分解し、さらにそれらを存続事業所と参入・退出事業所によるものに分解することで、中国からの輸入の増加がどの要因を通じて産業内や地域内の雇用を変化させたかを観察する。

まず第1節では、輸入ショックとして用いる「チャイナ・ショック」について、直接輸入、上流産業からの間接輸入、下流産業からの間接輸入という三つの指標の意味を説明する。次に第2節では、輸入ショックによって製造業の総従業者数がどの程度変化したのかを、三つの輸入指標ごとに推計する。最後に第3節では、総従業者数の変化を、事業所グループ別の雇用の創出と喪失に分けることで、特にどのタイプの事業所のどの雇用変化を通じて輸入ショックが雇用を変化させたのかを明らかにする。

1. チャイナ・ショックの規模と推移

「チャイナ・ショック」とは何か

1990年代から2010年代の日本の製造品輸入において、中国からの輸入の増加幅は他を圧倒している。それを示したのが図2-1である。この図は、日本の製造品輸入額を、輸入元別に1996年から2015年まで示している。輸入額は、GDPデフレーターを用いて2005年価格で実質化している。第1章1節で述べたように、石油精製業と非鉄金属製錬精製業に対応する輸入品は、集計に含めていない。

図2-1を見ると、中国からの輸入の増加幅が、特に2000年以降、アジアから（中国と中東を除く）、そしてこれら以外の地域からの増加幅を、倍率でも金額でも大きく上回っていることがわかる。中国からの輸入は、1996年には3・3兆円であったが、2008年には13・9兆円まで増加し、世界金融危機の影響で翌年は11・1兆円に減少したものの、その後再び増加に転じ、2014年には19・3兆円に達した。2014年のこの金額は1996年の5・8倍で、16兆円増である。他の2地域からの1996年から2015年までの増加は、アジアから（中国と中東を除く）は2・4倍で、7・8兆円増（5・6兆円から13・4兆円）、その他世界からは1・5倍で5・9兆円増（11・9兆円から17・8兆円）であり、中国からの輸入の増加幅に遠く及ばない。2010年以降は、中国からの輸入額が他の2地域からの輸入額を上回っている。

中国からの輸入の急増に直面したのは、もちろん日本だけでない。多くの国において、中国からの

図2-1　製造品輸入額の推移

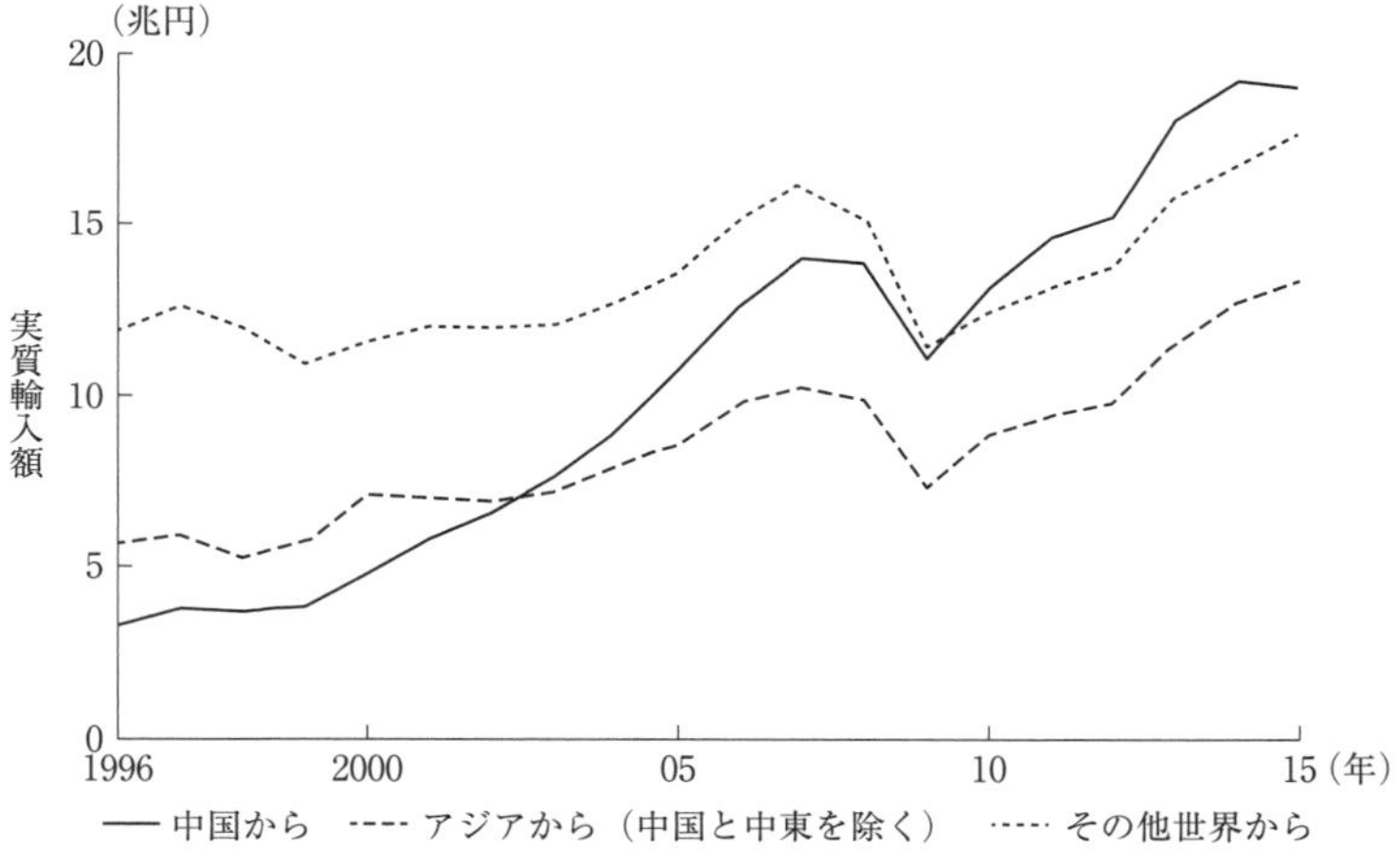

出所：財務省貿易統計、内閣府経済社会総合研究所国民経済計算より筆者作成。

輸入ショックはあまりに強かった。そのため国内製造業の生産や雇用は縮小し、賃金は低下した。アメリカへの影響を推計した2013年のデヴィッド・オーターらの研究は、中国からの輸入ショックの影響に関する一大研究潮流を生み出すほどの影響力があった[1]。また、この一連の研究活動を通じて、経済面への影響が、選挙結果、心身の健康、犯罪、結婚など、国民の生活全般に及んだことも明らかになった。中国からの輸入ショックによってこのような広範で強い影響が世界に及んだことから、中国の輸出急増は「チャイナ・ショック」と呼ばれ、それが他国の経済・社会生活に及ぼす影響について現在も活発に研究されている[2]。

こうした背景から、本章では、「輸入ショック」として中国からの輸入を用いる。それは、このような中国からの輸入の急増によって、他国での「チャイナ・ショック」と同様の影響が日本でも観察されることが予想されるからである。また、多くの先行研究で中国からの輸入を対象に分析しているので、それとショックを揃えることで結果の比較がしやすくなるということもある。

産業別・地域別に見る輸入の規模

輸入の雇用への影響を産業別データで分析する場合に、先行研究で多く用いられている輸入指標は、輸入浸透度というものである。この指標は、各産業製品の輸入額を、その産業製品の国内供給額、すなわち、国内生産額と輸入額の和から輸出額を差し引いたもので割ることで得る。また、地域別データで分析する場合に用いる地域別輸入指標としては、第1章1節で説明した、その地域の製造業従業者一人当たりの輸入額を本書では用いる。この指標は、各産業の貿易額をその産業の国内全従業者に均等に割り、それを雇用圏の製造業の従業者について合計し、最後にその金額を雇用圏の全製造業従業者数で割ることで導出する。このことから、この輸入指標はその地域で生産する製造業製品と同じ産業の製品の外国からの輸入額であり、地域の製造業が直面する輸入競争圧力を表す(3)。

産業別の雇用と輸入浸透度の変化、地域別の雇用と一人当たり輸入額の変化を、1996年から2006年を例に図示したのが、図2-2である。産業別・地域別の雇用は、総務省統計局『事業所・企業統計調査』から得た。輸入は中国からの輸入のみを用いている。図2-2Aは108産業別で、縦軸が各産業の1996年から2006年の従業者変化数を1996年の従業者数で割った変化率、横軸が中国からの輸入額で計算した輸入浸透度の同期間の増加幅である。図中の白丸の大きさは、各産業の1996年の従業者数を表している。従業者数の多い産業の中では、自動車産業は輸入浸透度

図2-2　輸入と雇用の変化：1996年から2006年

A. 108産業別

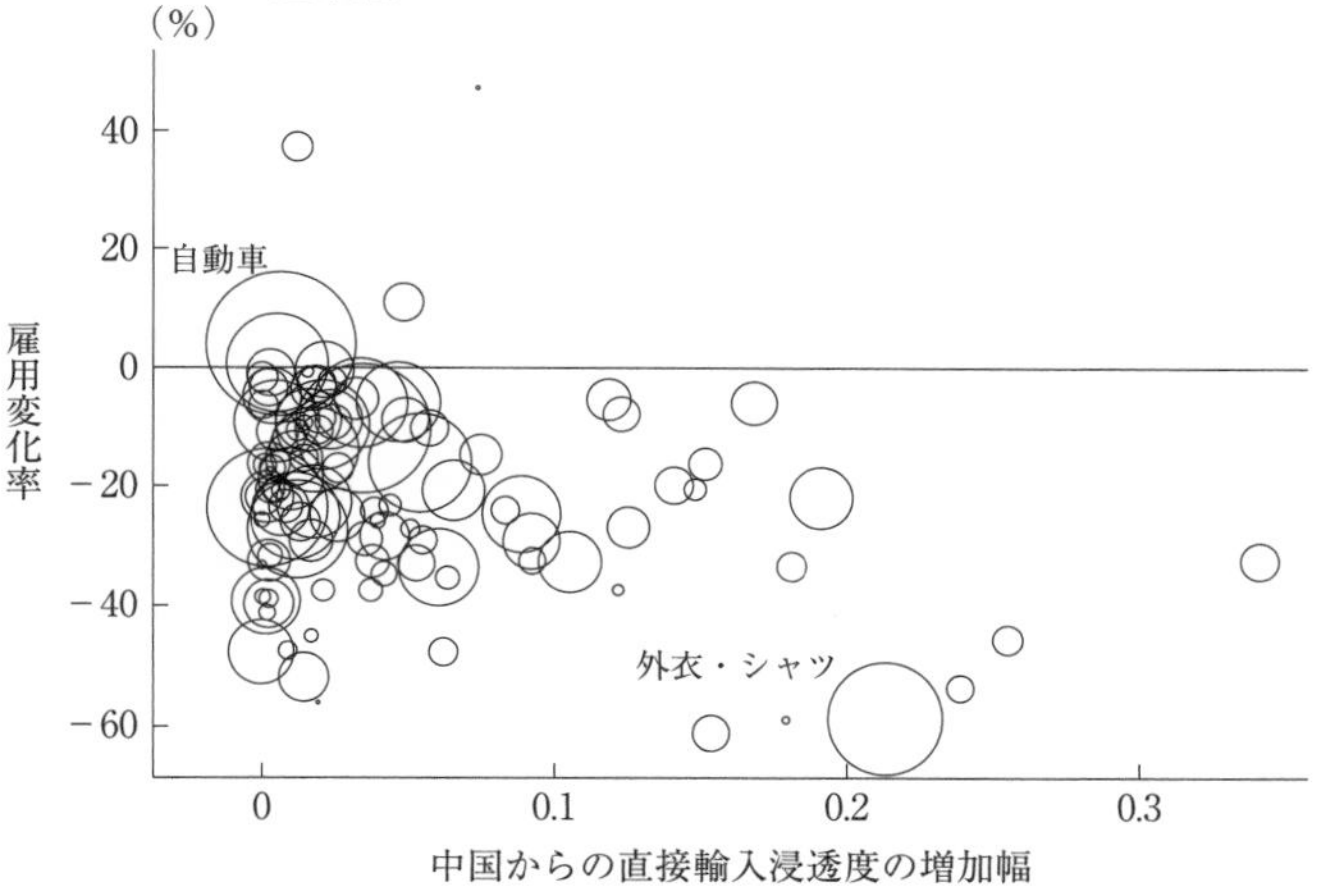

B. 228地域別

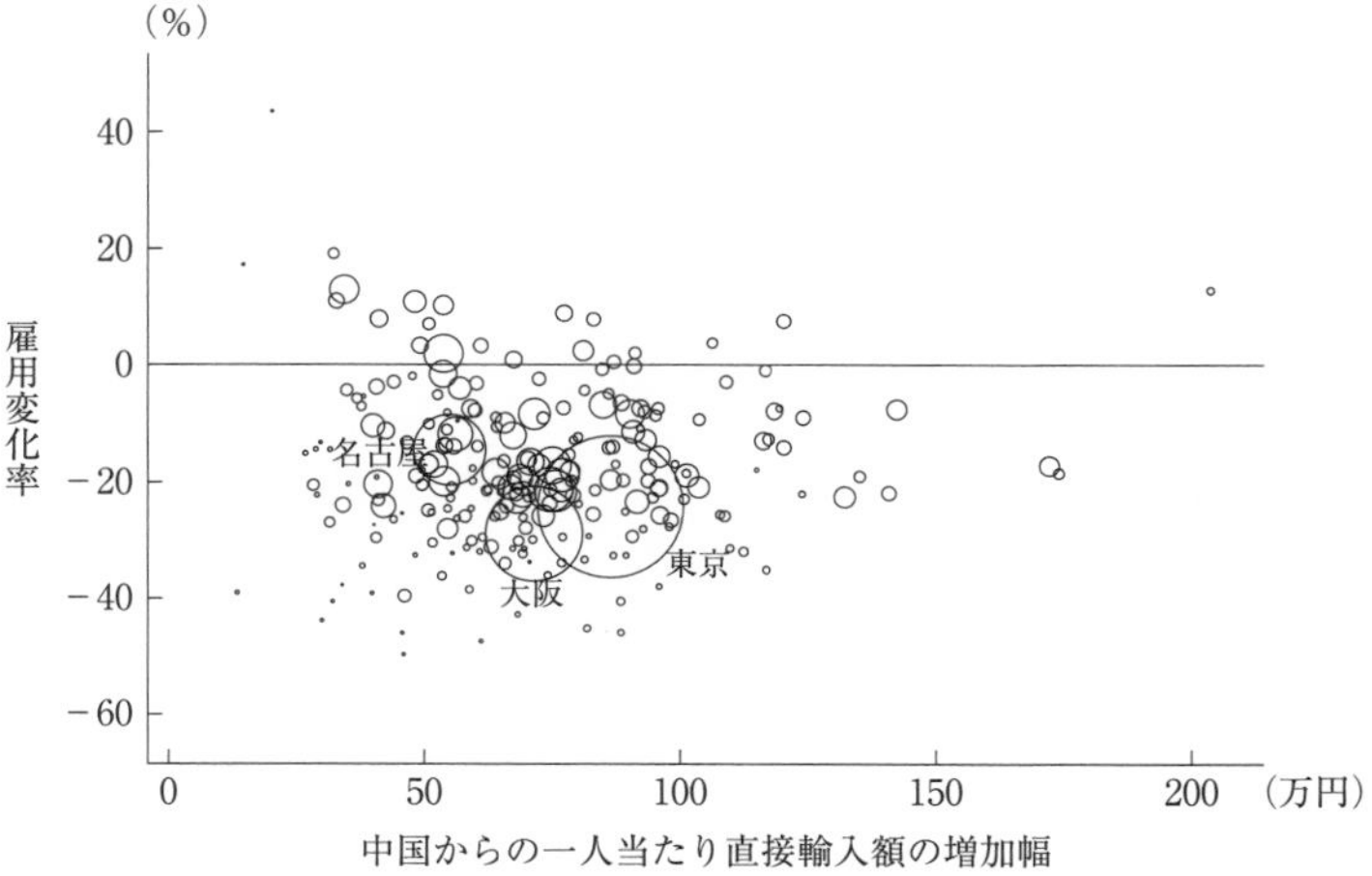

出所：総務省統計局『事業所・企業統計調査』平成8年、平成11年、平成13年、平成16年、平成18年の各調査の調査票情報、財務省貿易統計、内閣府経済社会総合研究所国民経済計算より筆者作成。

がそれほど増えておらず、従業者数は増えているのに対し、外衣・シャツ産業は輸入浸透度の増加幅が大きく、従業者数は半分以下になっている。ただ、従業員数の変化は様々な要因から生じるので、輸入浸透度が増加するほど雇用が減少するという関係は、全体としては強くは観察されない。

図2-2Bは、同じ期間で、228地域別データを用いて、従業者数の変化率と一人当たり輸入額の増加幅を図示したものである。地域の定義には、第1章1節で説明した都市雇用圏を用いている。(4) この図でも、輸入額が増加するほど雇用減少率が大きくなるという関係は強くは表れていない。東京、大阪、名古屋（名古屋市・小牧市）の三大都市圏を比べると、中国からの輸入額の増加幅は、名古屋、大阪、東京の順に多くなる。また、東京と比べて、大阪は雇用減少率が高く、名古屋は雇用減少率が低い。これは、大阪は外衣・シャツ産業の、名古屋は自動車産業の比率が比較的高いという産業構造の違いも反映している。

直接輸入と間接輸入

読者の中には、図2-2Aの横軸が「直接輸入浸透度」、図2-2Bの横軸が「直接輸入額」と、「直接」の文字が入っていることに気づいた方もいよう。ここでの「直接」は、ある産業や地域の輸入指標を計算する際に、その産業や地域が生産する製品と「直接」競合する輸入財を用いていることを表している。集積回路や液晶パネルといった電子デバイスを例にとると、「直接輸入」は電子デバイスそのものの輸入を指し、これらが国内で生産された当該産品と国内市場で競合するという直接効果を雇用に及ぼす。

しかし、電子デバイスの生産は、このような直接効果だけでなく、投入・産出関係を通じた間接的な影響も受ける。電子デバイスの原料になる化学工業製品、プラスチック製品、金属製品の輸入は、これらの産業が産業間の投入・産出関係で電子デバイス産業の上流に位置し、原料輸入の影響が上流から及ぶことから「上流産業からの間接輸入」、電子デバイスを中間財として生産に用いるコンピュータや通信機器の輸入は、これらの産業が下流に位置し、商品輸入の影響が下流から及ぶことから「下流産業からの間接輸入」と表現する。

間接輸入が産業の雇用に及ぼす影響は、様々な経路を通じて及ぶので、その影響は企業の取引状況などに大きく依存すると思われる。再び電子デバイス産業を例にとり、このことを考えてみよう。

上流産業からの間接輸入の影響については、外国から原材料を調達している企業にとっては、より安い、あるいはより自社の生産に適した化学工業製品や金属製品を多く購入できることで、自社の製品をより安く、あるいはより高品質にすることができ、それによって自社の生産が拡大し、雇用も増加するかもしれない。これに対し、原材料を国内供給元企業から主に調達している企業にとっては、この国内供給元が輸入競争の激化によって事業を縮小あるいは停止し、原材料の調達が困難になることで、自社の生産や雇用を縮小させるかもしれない。加えて、企業内で生産していた中間財を輸入財に置き換えると、その企業では雇用は減少するだろう。

下流産業からの間接輸入の影響については、自社製品を原材料として購入している国内企業で、輸入競争の激化によって生産が減少し、原材料の購入も減少することで、自社製品の販路が縮小し、雇用を減らすかもしれない。他方で、この国内供給先企業が外国と直接取引をすることから生産性上昇などの正の影響を受け、それが自社経営の安定につながるかもしれない（この後者の側面は、本書第5章で詳細に分析する）。

2．チャイナ・ショックによる雇用総数の変化

三つの輸入指標の影響

筆者が行った分析の結果を具体的に見ていこう。表2-1には、1996年から2016年の期間に、中国からの輸入が国内製造業の雇用総数に及ぼす影響を推計した結果がまとめられている。被説明変数は、従業員総数の10年間の変化率で、説明変数として三つの輸入指標を同時に使っている。産業レベルで集計したデータを用いた結果は列（1）、地域レベルで集計したデータを用いた結果は列（2）である。[5] 輸入以外の説明変数については、産業レベル・地域レベルの両方で同じ説明変数を用いている。[6] この分析結果は、第1章補論で説明した操作変数法から得た。[7]

結果（1）において、直接輸入指標の推定値はマイナス1・165である。これは、10年間である産業における直接輸入指標が0・01ポイント上昇すると、その産業の従業員総数は1・165％減少することを意味する。この値とその他の推計結果、そして実際の直接輸入指標の変化を用いると、中国からの直接輸入が日本国内の製造業従業者数を何％減少させたかを計算できる。例えば、1996年から2006年の期間では、それは3・03％であった。[8] 1996年の日本の製造業従業員総数（石油精製業と非鉄金属製錬精製業を除く）は1246万人だったので、これは38万人の減少に相当する。

表2-1　中国からの輸入が従業者総数に及ぼす影響

	産業レベルの分析 輸入浸透度を使用 (1)	地域レベルの分析 一人当たり輸入額を使用 (2)
直接輸入指標	**−1.165** (0.272)	**−0.102** (0.029)
下流産業からの間接輸入指標	−0.415 (0.644)	−0.037 (0.036)
上流産業からの間接輸入指標	0.832 (2.452)	0.200 (0.151)
標本の大きさ	216	456

注：回帰分析では、標本に期初の従業者数でウェイトをかけている。カッコ内はロバスト標準誤差である。太字の推定値は、5%水準で有意であることを示す。

出所：総務省統計局『事業所・企業統計調査』平成8年、平成11年、平成13年、平成16年、平成18年、総務省統計局『経済センサス―基礎調査』平成21年、平成26年、総務省統計局・経済産業省『経済センサス―活動調査』平成24年、平成28年の各調査の調査票情報、財務省貿易統計、内閣府経済社会総合研究所国民経済計算より筆者作成。

なお、この推定値は、「5%水準で有意」である。（表中の太字の推定値は、5%水準で有意であることを示す。）「5%水準で有意」とは、「直接輸入指標は従業員総数に影響を与えない」という仮説（「帰無仮説」という）を正しくないとこの結果から判断しても、それが誤った判断になるのは5%以下であることを意味する。以下、本書ではこの「5%水準」を「貿易に関する説明変数が従業者数や賃金などの被説明変数に影響を与えていない」という仮説を棄却する水準として使用する。そして、「5%水準で有意」になる説明変数に特に注目する。

地域レベルの分析結果である結果（2）では、直接輸入指標の推定値はマイナス0・102で、5%水準で有意である。この結果から、1996年から2006年の期間に中国からの直接輸入によって、日本の製造業従業者数は4・05%減少したと計算される[9]。人数でいえばこれは50万人に相当する。地域レベルの分析結果の方で従業者減少率が大きくなる理由は、この後で説明する。

この他、結果（1）でも結果（2）でも、下流産業からの間接輸入は雇用に負の、上流産業からの間接輸入は雇用に正の影響を及ぼす。下流産業から及ぶ中国からの輸入増加の負の影響は、自社製品の販路が縮小することから生じていると考えられる。他方、上流産業から及ぶ影響によって国内雇用が増加するという結果は、日本を事例とした先行研究、例えば産業レベルの分析である清田耕造らの研究、地域レベルの分析である谷口美南の研究、そして海沼修平と齊藤有希子の研究と同じである。[10]これは、日本の企業がグローバル・サプライ・チェーンで中国とつながり、中国と垂直的な分業体制を築いた結果と解釈できる。日本企業は、中国からの輸入を原材料として用いることで、コストの削減や生産性の向上を実現できたのであろう。ただ、二つの間接輸入の係数の推定値は、どちらも5％水準では有意ではない。

再分配効果と総需要効果

輸入が雇用に及ぼす影響を、表2-1では産業別データと地域別データを用いて、それぞれ推計した。両データは、共に同じ事業所レベルのデータから構築されるが、集計単位の違いによって、回帰分析から得られる結果が反映する輸入効果の範囲が異なってくる。事実、先ほど確認したように、1996年から2006年の間に中国からの輸入の直接効果によって生じた、日本の製造業従業者総数の変化率は、産業別データではマイナス3・03％、地域別データではマイナス4・05％と異なっている。次にその理由を、アメリカを対象に同様の分析を行ったダロン・アセモグルらの研究に基づいて紹介する。[11]

輸入の雇用への影響を、アセモグルらは四つに分解している。このうち、直接輸入効果と間接輸入効果（下流産業からと上流産業から）については、すでに第1節で説明している。この他に、地域内に及ぶ効果として、再配分効果と総需要効果がある。

再配分効果は、ある産業で雇用が減少した時に、そこから離職した労働者を同じ地域の別の産業が雇用したり、逆にある産業で雇用が増加した時に、同じ地域の別の産業から労働者が流出したりすることを指す。つまり、労働という生産要素を地域内で配分し直す効果である。

また、総需要効果とは、輸入の増加によってある産業で生産や雇用が減少すると、その産業の立地する地域の消費や投資も減少し、この総需要の減少が地域全体の雇用を減少させることである。もちろん、逆に輸入増加によってある産業の雇用が増加すれば、総需要効果によってその正の効果が地域全体に波及する。

再配分効果と総需要効果という二つの地域効果を適切に測定するためには、他の地域に労働が移動することが少なくなるように地域を設定する必要がある。本書では都市雇用圏を、地域の定義として用いている。

産業別データを用いる場合、貿易と雇用の変化を産業別に集計し、それらの産業間の相違から貿易の雇用への影響を推計する。この時、二つの地域効果の地域間の相違は、産業間の相違に識別可能な形では反映されない。そのため、産業別データを用いた回帰分析の結果が反映しているのは、直接輸入効果と間接輸入効果のみになる。

これに対して、地域別データを用いる場合、貿易と雇用の変化の地域間の相違が観察でき、その相違は二つの地域効果も反映しているので、このデータを用いた分析結果には地域効果も含まれる。また、各産業の直接輸入効果と間接輸入効果については、それらの各地域での効果はその地域に立地している各産業の規模に比例するという仮定を置くと、地域別データでも把握できる。[12] ここではその仮定を置いている。

このことから、分析に用いるデータの集計単位が産業であれば、そこから得られる輸入の雇用への影響には直接輸入効果と間接輸入効果が反映され、集計単位が地域であれば、さらに再配分効果と総需要効果も含まれることがわかる。先ほどの事例で言えば、産業別データでのマイナス3・03%、地域別データでのマイナス4・05%という直接輸入効果の差であるマイナス1・02%は、アセモグルらの議論によれば、直接輸入が引き起こした地域の再配分効果と総需要効果を表している。

推計された雇用変化総数

表2-2には、1996年から2016年の間に実際に減少した製造業従業者数と、この期間に中国からの輸入によって変化したと推計された従業者数がまとめられている。[13] この20年間に、製造業の総従業者数は353万人減少した。これに対して、輸入増加による従業者減少分の総数は、産業レベルの分析で56万人（実際の減少分の16%）、地域レベルの分析では14万人（実際の減少分の4%）と推計される。

この従業者減少総数は、三つの輸入効果の合計である。直接輸入増加による減少分は、産業レベル

表2-2　1996年から2016年の従業者の実際の変化数と輸入による影響の推計数

（単位：万人）

	実際の変化数	産業レベルの分析による推計数	地域レベルの分析による推計数
総従業者変化数	−353	−56	−14
直接輸入効果		−58	−88
下流産業からの間接輸入効果		−16	−28
上流産業からの間接輸入効果		18	102

注：地域レベルの分析から得た推計数には再配分効果と総需要効果も含む。
出所：表2-1と同じ資料より筆者作成。

の分析では58万人、地域レベルの分析では88万人であり、再配分効果と総需要効果も含んだ地域レベルの分析の方が多くなる。また、下流産業からの間接輸入も、産業レベル分析・地域レベル分析共に、従業者数を減少させる。ただ、上流産業からの間接輸入は、従業者数を増加させる。その増加数は、産業レベルの分析では18万人、地域レベルの分析では102万人と、後者の増加数が非常に多い。中国から輸入が増加すると、それを原材料・中間財として用いる産業において費用の低減や品質の向上から生産が拡大し、雇用が増加する、そしてその効果は地域の再配分効果と総需要効果を通じて増幅し、地域の雇用を増加させることを、この結果は示していよう。

筆者は、輸入が日本の製造業従業者総数の減少にどの程度寄与したのかという点には、あまり焦点が当たるべきではないと思っている。その最も大きな理由は、輸入が日本の製造業雇用の総数を増やしたか減らしたかは、分析に用いるデータの期間、貿易指数、他の説明変数によって変わるからである。本章で用いたデータでも、もし地域レベルでの輸入指標を一人当たり輸入額から輸入浸透度に置き換えると、直接輸入の雇用へのマイナス効果は大きくなり、上流産業からの間接輸入の雇用へのプラスの効果は小さくなる[14]。

むしろ、本章の研究では、輸入が雇用に及ぼす多様な経路と効果を把握することが、より重要である。表2-2でも、輸入の影響のうち、中国からの中間財の輸入は国内雇用を増加させ、その効果は非常に大きいことが示されている。第3節では、雇用変化を事業所規模別に雇用創出と雇用転換に分解し、それをさらに参入・退出事業所と存続事業所に分けることで、輸入がどの経路を通じて雇用を減少させ、あるいは増加させるかを、より詳細に検討する。

産業別・地域別に見る変化数

産業別や地域別に、中国からの輸入によって1996年から2016年の間に変化した製造業雇用者数やその比率を計算することができる。それらをまとめたのが、表2-3と表2-4である。繰り返しになるが、この値そのものが重要であるかのようには扱わないでいただきたい。推計の方法によって値は変化しうる。ただ、リストの上位・下位にくる産業や地域は、推計方法が変わってもある程度安定しているので、これらの表は製造業の雇用が減少あるいは増加する傾向がある産業や地域を示していると言える。

表2-3は、産業レベルの分析結果を用いて推計した、中国からの輸入によって雇用が減少した上位10産業、増加した上位5産業のリストである。雇用変化数では、外衣・シャツ、通信機械器具、電子部品・デバイスといった、1996年時点での従業者数が多く、その後の中国からの輸入も多かった産業で、減少幅が大きい。変化率では、綱・網・レース・繊維粗製品、通信機械器具、ゴム製・プラスチック製履物で減少率が高い。他方、雇用が増加した産業もあり、これらは外国から原材料や部

表2-3　輸入による雇用の減少上位10産業と増加上位5産業

産業名	推計変化数（人）	産業名	推計変化率
外衣・シャツ	−81,889	綱・網・レース・繊維粗製品	−0.363
通信機械器具	−69,623	通信機械器具	−0.268
電子部品・デバイス	−51,961	ゴム製・プラスチック製履物	−0.248
発送電用電気機械器具	−29,276	がん具・運動用具	−0.231
電子計算機	−24,804	かばん	−0.209
その他の生産用機械	−19,040	洋食器・刃物・金物類	−0.180
民生用電気機械器具	−16,680	その他の輸送用機械器具	−0.179
その他の繊維製品	−14,924	生活雑貨製品	−0.172
家具	−14,129	外衣・シャツ	−0.151
がん具・運動用具	−14,030	電子計算機	−0.148
酒類	498	鉄道車両	0.010
医薬品	647	茶・コーヒー	0.010
パン・菓子	659	船舶	0.010
事務用機械器具	966	清涼飲料	0.013
船舶	1,173	毛皮	0.033

出所：表2-1と同じ資料より筆者作成。

表2-4　輸入による雇用の減少上位10地域と増加上位5地域

地域名	推計変化数（人）	地域名	推計変化率
東京	−52,993	山鹿市	−0.166
大阪	−13,299	一関市	−0.130
福島市	−5,309	福島市	−0.098
長野市	−4,085	本庄市	−0.097
郡山市	−3,889	白石市	−0.096
京都市	−3,509	野洲市	−0.091
神戸市	−3,448	鳥取市	−0.078
松本市	−3,413	那須塩原市・大田原市	−0.078
那須塩原市・大田原市	−2,749	米沢市	−0.074
山形市	−2,682	長野市	−0.065
岡崎市	1,755	碧南市	0.032
浜松市	1,960	岡崎市	0.032
豊橋市	2,708	敦賀市	0.033
豊田市	4,219	豊田市	0.035
名古屋市・小牧市	6,406	西尾市	0.036

出所：表2-1と同じ資料より筆者作成。

品を比較的多く輸入しているという共通点がある。

表2–4は、同様に、地域レベルの分析結果を用いて推計した、中国からの輸入によって雇用が減少した上位10地域、増加した上位5地域のリストである。減少人数の上位に、福島市、長野市、郡山市が位置しているのが目を引く。これらの都市圏では、表2–3で推計減少数の多かった、外衣・シャツ、通信機械器具、電子部品・デバイス、電子計算機の各製造業で雇用者が多かった。推計減少率の高かった山鹿市と一関市でも、通信機械器具製造業の雇用者が多かった。対して、雇用が増加した地域には、自動車製造業が多く立地していた。自動車製造業は用いる部品が多く、地域内での取引ネットワークが密であることから、中間財の中国からの輸入がもたらす正の雇用効果が地域内で増幅されたと思われる。

3. チャイナ・ショックによる雇用の創出・喪失

事業所規模別の創出・喪失への分解

本章第2節で示した、産業や地域での総雇用の変化は、雇用創出と雇用喪失に分解できる。これを用いると、輸入が雇用の創出と喪失のどの経路を主に伝って雇用に影響を及ぼすかがわかる。さらに、その影響の大きさや正負は、事業所の規模によって異なるかもしれない。そこで、総雇用の純変化を、大規模事業所と中小規模事業所に二分し、それぞれをさらに雇用創出と雇用喪失に分解して、四つの雇用変化が輸入から受ける影響を推計する。

表2–2と同様の分析をこれら四つの雇用変化に適用した結果が、表2–5である。表2–5Aには産業レベルの分析、表2–5Bには地域レベルの分析の結果をまとめている。ここでは、従業者数が100人以上の事業所を大規模事業所、100人未満の事業所を中小規模事業所と分けている。各事業所について1996年と2006年、あるいは2006年と2016年の従業者数を比較し、従業者数が増加している事業所についてその増加分を合計したものが雇用創出、減少している事業所について減少分を合計したものが雇用喪失である。

定義から、各輸入指標について結果（1）から結果（4）の推定値を合計すると、表2–1のその輸入指標の値になる。例えば、表2–1の結果（1）にある、産業レベルの分析における直接輸入指標の係数の推定値マイナス1・165は、表2–5Aの結果（1）から結果（4）における四つの直接輸入指標の係数の合計と等しい。（丸め誤差を含む。以下も同様。）ここで、係数の推定値がマイナスであるのは、雇用を減少させる方向に輸入が働くということである。例えば、結果（1）と結果（2）の符号がマイナスであることは、直接輸入が増加すると中小規模事業所の雇用創出が抑制され、雇用喪失は促進されることを意味する。

表2–5Aの産業レベルの分析と表2–5Bの地域レベルの分析を比べると、三つの点で、統計的に有意な推計値に大きな違いが見られる。一点目に、直接輸入が雇用創出に及ぼす影響については、中小規模事業所においても大規模事業所においても、産業レベルの分析では雇用創出を妨げる効果を持つが、地域レベルの分析では有意な影響はない。この結果は、直接輸入競争の激化がなければ雇用されるはずだった労働者が、同じ地域であまり直接輸入競争にさらされていない別の製造業に雇用され

表2–5　中国からの輸入が雇用創出・喪失に及ぼす影響

A. 産業レベルの分析、輸入浸透度を使用

	中小規模事業所		大規模事業所	
	雇用創出	雇用喪失	雇用創出	雇用喪失
	(1)	(2)	(3)	(4)
直接輸入指標	**−0.251**	**−0.544**	**−0.392**	0.023
	(0.070)	(0.213)	(0.093)	(0.155)
下流産業からの間接輸入指標	−0.228	−0.090	0.269	−0.366
	(0.249)	(0.287)	(0.313)	(0.228)
上流産業からの間接輸入指標	0.533	1.239	0.637	−1.577
	(0.708)	(1.396)	(1.270)	(0.912)

B. 地域レベルの分析、一人当たり輸入額を使用

	(1)	(2)	(3)	(4)
直接輸入指標	0.011	**−0.050**	−0.007	**−0.057**
	(0.009)	(0.016)	(0.022)	(0.022)
下流産業からの間接輸入指標	0.013	−0.024	−0.029	0.003
	(0.011)	(0.019)	(0.029)	(0.024)
上流産業からの間接輸入指標	**−0.161**	**0.317**	0.097	−0.053
	(0.045)	(0.069)	(0.097)	(0.093)

注：標本の大きさは、対応する表2–1の数字と同じである。回帰分析では、標本に期初の従業者数でウェイトをかけている。カッコ内はロバスト標準誤差である。太字の推定値は、5%水準で有意であることを示す。

出所：表2–1と同じ資料より筆者作成。

たと解釈できる。

二点目に、直接輸入が雇用喪失に及ぼす影響については、産業レベルの分析でも地域レベルの分析でも、中小規模事業所の雇用喪失を増加させる。しかし、大規模事業所については、産業レベルでは推計値は有意でないが、地域レベルでは有意でマイナスである。これは、従業員の多い企業が直接輸入競争にさらされた時に、大規模事業所の雇用は減らさないものの、他地域に事業所を移転させたり他地域の事業所と併合したりすることを反映しているかもしれない[15]。

最後に三点目として、上流産業からの間接輸入については、産業レベルの分析では、中小規模事業所にも大規模事業所にも有意な影響はない。しかし、地域レベルの分析では、中小規模事業所において雇用創出を抑制するが、それ以上に雇用喪失も抑制し、全体として中小事業所での雇用が増加する。中小事業所において雇用への正の効果が強く観察される理由としては、中小事業所の売り上げが域内の再配分効果と総需要効果に敏感に反応することがあろう。

なお、大規模事業所については、産業レベルの分析でも地域レベルの分析でも、上流産業からの間接輸入は雇用に有意な影響を及ぼさなかった。この結果は、読者によっては意外に思うかもしれない。大規模事業所は傾向として、生産性は高く、原材料や部品を中国から多く輸入していると想定できるので、上流産業からの間接輸入が雇用により強い影響を与えると予想するのは自然である。このような結果になった理由はいくつか考えられる。雇用への影響として、中間財の輸入によって生産性が上昇し、企業規模が拡大して雇用も増えるという正の効果と、事業所内で生産していた中間財が輸入に置き換わり、その生産に従事していた労働者が余剰になるという負の効果がある。各事業所で見れば、これら正負それぞれの効果に大小はあったとしても、産業や地域でならしてみると、両方の効果がほぼ同程度であったのかもしれない。または、大規模事業所における正の効果と負の効果それぞれが、実は思っていたよりも小さかったのかもしれない。

創出・喪失数の推計

表2-5の結果を用いて、1996年から2016年の間に中国からの輸入によって変化した雇用創出・喪失数を推計した結果が、表2-6にまとめられている。

表2-6Bは、産業レベルでの分析結果である。表2-5で有意であった直接輸入効果の三つの係数に対応する雇用減少数は、中小規模事業所の雇用創出のマイナス13万人と雇用喪失のマイナス27万人、そして大規模事業所の雇用創出のマイナス20万人である。ただ、上流産業からの間接輸入増加によるプラスの効果も、係数は有意でないものの、これらのマイナスを相殺する程度の大きさがある。雇用の推計変化数は、表2-6Aにある実際の雇用変化数と比べると、それほど大きくない。

これに対して、地域レベルの分析結果である表2-6Cでは、表2-5で結果が統計的に有意であったものは、輸入による影響の推計数がプラスあるいはマイナスで大きくなり、雇用創出・喪失の原動力となっている。特に、中小規模事業所の雇用に上流産業からの間接輸入増加が及ぼす影響は、雇用創出の抑制が82万人分、雇用喪失の抑制が162万人分という大規模なものである。

表2-6Aに示した20年間の実際の雇用変化数と表2-6Cの結果を比較すると、中小規模事業所では、実際の雇用創出数は364万人、三つの輸入効果によって減少した雇用創出の推計総数は63万人

表2-6　1996年から2016年の実際の雇用創出・喪失数と輸入による影響の推計数

A. 実際の雇用創出・喪失数　（単位：万人）

	中小規模事業所		大規模事業所	
	雇用創出 (1)	雇用喪失 (2)	雇用創出 (3)	雇用喪失 (4)
実際の雇用変化数	364	−583	346	−481

B. 輸入による影響の推計数、産業レベルの分析、輸入浸透度を使用

	(1)	(2)	(3)	(4)
輸入から影響を受けた変化数	−10	−4	5	−48
直接輸入効果	−13	−27	−20	1
下流産業からの間接輸入効果	−9	−4	11	−14
上流産業からの間接輸入効果	12	27	14	−34

C. 輸入による影響の推計数、地域レベルの分析、一人当たり輸入額を使用

	(1)	(2)	(3)	(4)
輸入から影響を受けた変化数	−63	101	22	−73
直接輸入効果	10	−43	−6	−49
下流産業からの間接輸入効果	10	−18	−22	3
上流産業からの間接輸入効果	−82	162	50	−27

注：Cの推計数には再配分効果と総需要効果も含む。
出所：表2-1と同じ資料より筆者作成。

である。仮に中国からの輸入増加がなかったとすると、中小規模事業所の雇用創出は427万人になるが、実際にはその15％分が輸入増加によって実現しなかったと言える。また、実際の中小規模事業所の雇用喪失数は583万人、三つの輸入効果によって減少した雇用喪失の推計総数は101万人なので、中国からの輸入がなければ雇用喪失は684万人であったものの、輸入によってその15％分を防ぐことができた。逆に大規模事業所では、中国からの輸入によって雇用創出も雇用喪失も拡大し（それぞれ22万人と73万人）、その大きさは実際の雇用変化数と比べても相当である。

地域レベルの分析では、中小規模事業所でも大規模事業所でも、製造業の雇用増減に輸入がかなりの程度影響を与えていると言える。また、輸入の雇用創出と雇用喪失への総影響は、中小規模事業所で抑制、大規模事業所で促進と逆になるという結果は、輸入の雇用変化への影響の理解に非常に有益である。中国からの輸入によって、雇用の入れ替えが中小規模事業所では縮小し、大規模事業所では拡大するのである。

事業所の参入・退出を通じた影響

第1章2節の分析で、雇用創出・喪失の主要因は、事業所の参入・退出であることを、私たちはすでに把握している。そこで、輸入の雇用変化への影響においても、事業所の参入・退出を通じた影響が最も大きいかどうか、本章の最後に確認しよう。

表2-5と表2-6では、雇用変化を中小規模・大規模事業所別に、雇用創出と雇用喪失に分けている。ここでさらに、雇用創出を10年間存続していた事業所によるものと新規に参入した事業所による

ものに分け、また雇用喪失も存続事業所によるものと退出した事業所によるものに分けた。そして、これまでと同じ回帰分析を行い、それぞれの雇用変化の幅が輸入からどのような影響を受けたのかを推計した。

この手順はこれまでと同じなので、ここでは回帰分析の結果は紹介せず、輸入の影響の推計数だけを表2-7にまとめた。表2-7は、結果（1）から結果（4）が存続事業所による雇用変化、結果（5）から結果（8）が参入・退出事業所による雇用変化である。表中の推計雇用変化数が絶対値で大きいものは、概して回帰分析の結果で統計的に有意になっている。

表2-7Aは実際の雇用創出・喪失数で、やはり参入・退出事業所によるものの数字の方が、対応する存続事業所の数字よりも変化幅が大きい。産業レベルの分析から得た、中国からの輸入が変化させた雇用創出・喪失数をまとめた表2-7Bも同様で、三つの輸入効果のそれぞれを存続事業所と参入・退出事業所で比べると、同じ項目では符号がほぼ同じで、かつ参入・退出による結果の方が変化幅が大きい。例えば、中小規模事業所の雇用喪失への直接輸入効果については、存続事業所でマイナス5万人（雇用喪失が5万人分拡大）、退出事業所でマイナス22万人（事業所の退出が促進されることで22万人分の雇用が喪失）と、符号が同じマイナスで、かつ退出の影響の方が大きい。

さらに、地域レベルの分析結果である表2-7Cでは、三つの輸入効果のそれぞれを存続事業所と参入・退出事業所で比べると、同じ項目で異なる符号となるものが多くなるが、参入・退出事業所の方が変化幅の絶対値が大きいという結果は表2-7Bと同じである。これらの結果から、輸入が雇用変化に及ぼす影響でも、存続事業所の規模変化を通じた効果よりも、事業所の参入・退出を通じた効

表2-7　1996年から2016年の参入・退出による実際の雇用変化数と輸入の影響の推計数

A. 実際の雇用創出・喪失数

（単位：万人）

	存続事業所				参入・退出事業所			
	中小規模事業所		大規模事業所		中小規模事業所		大規模事業所	
	雇用創出	雇用喪失	雇用創出	雇用喪失	雇用創出	雇用喪失	雇用創出	雇用喪失
	(1)	(2)	(3)	(4)	(5)	(6)	(7)	(8)
実際の雇用変化数	112	−167	95	−192	252	−416	251	−289

B. 輸入による影響の推計数、産業レベルの分析、輸入浸透度を使用

	(1)	(2)	(3)	(4)	(5)	(6)	(7)	(8)
輸入から影響を受けた変化数	−6	5	−3	−13	−4	−9	8	−35
直接輸入効果	−6	−5	−3	−2	−7	−22	−17	3
下流産業からの間接輸入効果	−3	−2	4	−4	−7	−2	7	−10
上流産業からの間接輸入効果	3	12	−3	−7	9	15	17	−27

C. 輸入による影響の推計数、地域レベルの分析、一人当たり輸入額を使用

	(1)	(2)	(3)	(4)	(5)	(6)	(7)	(8)
輸入から影響を受けた変化数	1	15	21	−51	−64	86	1	−23
直接輸入効果	−3	−8	−30	1	12	−34	24	−50
下流産業からの間接輸入効果	2	−3	−8	5	8	−15	−14	−3
上流産業からの間接輸入効果	2	26	58	−57	−84	135	−9	30

注：Cの推計数には再配分効果と総需要効果も含む。
出所：表2-1と同じ資料より筆者作成。

果の方が大きいことがわかる。

なお、表2-5と表2-6で、地域レベルの分析では、上流産業からの間接輸入によって、中小規模事業所の雇用創出と雇用喪失が共に抑制されることが示された。そして、表2-7より、この雇用創出・喪失の抑制は中小規模事業所の参入・退出の減少によって生じていることがわかる。これは、次のように解釈するのが自然であろう。中小規模事業所の退出の減少は、中国からの原材料や中間財を直接・間接に用いることで多くの中小規模事業所で経営が存続でき、それが地域の総需要を増加させ、さらに地域内の他の中小規模事業所の存続の下支えになったことの表れである。ただ、地域内の雇用喪失が減少したことで、その地域で事業所が新たに労働者を確保することが難しくなり、事業所の新規参入も減少した。

第2章のまとめ

- 中国の輸出急増は「チャイナ・ショック」と呼ばれ、各国経済への影響が活発に研究されている。
- 製造業の雇用は、直接輸入、下流産業からの間接輸入、上流産業からの間接輸入で変化する。
- 輸入はさらに、再配分効果と総需要効果という地域効果を通じても、地域内の雇用を変化させる。
- 地域別データを用いると、二つの地域効果を含めた、輸入の影響全体を推計できる。
- 中国からの輸入増加は、直接輸入と下流産業からの間接輸入で、日本の製造業の雇用を減らした。
- 他方、上流産業からの間接輸入は、中小規模事業所の雇用を増やした。
- 地域効果を含む地域別データ分析で、上流産業からの間接輸入による雇用増加が強く表れた。

・地域レベル分析では、輸入は中小規模事業所の雇用創出・喪失を抑制し、雇用変化幅を縮小した。
・対して、大規模事業所では、中国からの輸入は雇用創出・喪失を促進し、雇用変化幅を拡大した。
・雇用の変化は、存続事業所の規模の変化よりも、事業所の参入・退出によって、より強く生じた。

【第2章　注】

（1）Autor, Dorn, and Hanson (2013).

（2）チャイナ・ショックに関するサーベイ論文は数多くあるが、ここではデヴィッド・オーターたち自身によるAutor, Dorn, and Hanson (2016) と、２０２１年の研究までをカバーした日本語サーベイである笹原（２０２２）を紹介したい。

（3）地域別輸入指標として先行研究でよく用いられている定義は、Autor, Dorn, and Hanson (2013) に従ったもので、これは本文中での輸入指標の導出過程の最後が、雇用圏の製造業の従業者ではなく、雇用圏の労働力人口で割るものである。本書の分析で用いる雇用の変化の定義はAutor, Dorn, and Hanson (2013) と異なるものなので、本書では雇用の変化の定義と合うように地域別輸入指標の定義も変更している。

（4）第1章1節で説明した都市雇用圏には２２９地域が設定されているが、第1章の脚注（5）で述べたように、災害の影響で1地域を分析対象から外しているので、本章では２２８地域を用いている。

（5）間接輸入指標の計算では、総務省の平成7年（１９９５年）産業連関表を用いた。回帰分析では、標本に期初の従業者数でウェイトをかけている。

（6）共通の説明変数は、分析期間ダミー、産業別1期間前の事業所平均従業者数対数値、産業別1期間前の労働者一人当たりの原材料費対数値、地域別1期前の女性従業者数比率、地域別1期前の総従業者数（非製造業含む）対数値である。産業別に定義された変数と地域別に定義された変数は、それぞれ従業者数のウェイトをかけて変換することが可能である。説明変数を産業別分析と地域別分析で揃えたのは、結果の違いが貿易以外の説明変数の違いから生じるのを避けるためである。

（7）日本の中国からの輸入を説明する操作変数は、アメリカ合衆国、オーストラリア、スイス、スペイン、デンマーク、ドイツ、ニュージーランド、フィンランドの中国からの輸入の合計である。操作変数を用いる輸入指標は3種類あるので、操作変数も

3種類用いる。それぞれの輸入指標について、その指標の変動量のうち三つの操作変数が説明できる部分の比率を偏決定係数（表2-1には示していない）と言い、本章の注7と注8のように輸入による雇用変化を推計する際に用いる。操作変数の強さを判定する指標の一つであるクレイベルヘン＝パープのF値は、表2-1の（1）の結果では49、（2）の結果では64であった。どちらも、一般に望ましいとされる10を超えており、操作変数が弱いことによる問題は回避できていると判断できる。

（8）具体的な計算方法は次のとおりである。「ウェブ補論」の補論表2-1より、各産業の加重平均で求めた直接輸入指標は、1996年から2006年の期間に0・043だけ増加している。しかし、この直接輸入指標の上昇には、日本における人口構成や嗜好の変化といった日本側の要因も寄与しているので、その部分を取り除くために偏決定係数を用い、中国側の供給能力増大や生産性上昇などの要因による影響を抽出する。この偏決定係数は0・604である。これより、中国からの輸入の直接効果によって、この期間に日本の製造業従業者数は3・03％減少した（−1.165×0.604×4.3＝−3.026）と推計される。

（9）「ウェブ補論」の補論表2-1より、各地域の加重平均で求めた地域レベルの直接輸入指標は、1996年から2006年の期間に0・749だけ増加している。また、偏決定係数は0・530であった。これらより、この時期に製造業従業者数は4・05％減少した（−0.102×0.530×74.9＝−4.049）と計算される。

（10）Kiyota, Maruyama, and Taniguchi（2021）、Taniguchi（2019）、Kainuma and Saito（2022）.

（11）Acemoglu et al.（2016）.

（12）この仮定を具体例で示すと、ある産業の従業者数が地域Aで1万人、地域Bで2万人いるとすれば、地域Bでのこの産業の直接あるいは間接効果は、地域Aでの2倍あることを意味する。言い換えれば、この産業の従業者一人当たりの直接あるいは間接効果は、地域Aでも地域Bでも同じということである。

（13）輸入による従業者変化数の計算方法を、産業レベルの分析結果を用いた直接輸入効果の影響を例に説明しよう。直接輸入の係数の推定値はマイナス1・165、直接輸入の第一段階での偏決定係数は0・604、直接輸入指標の変化幅は、1996年から2006年は0・0428、2006年から2016年は0・0287である。また、製造業従業者総数は、1996年は1245万7908人、2006年は1011万6405人である。これより、−1.165×0.604×(0.0428×12,457,908＋0.0287×10,116,405)＝−579,492が得られる。

（14）この結果はEndoh（2023）で紹介されている。

（15）実は、ここで述べた地域を越えた事業所の再編のように、事業所や労働者が、製造業に従事しつつ、産業や地域をまたいで移動すると、輸入が産業や地域の雇用数に及ぼす影響を計算するのに本章で用いている方法は適切でなくなる。本書では、この移動の可能性は認めつつ、その規模は小さく、本書の推計方法が引き続き有効であるとして分析を行う。

第3章　チャイナ・ショックは給与にどう影響を与えたか

第2章では、中国からの輸入拡大によって、日本の製造業の雇用がどの程度変化したかを推計した。輸入の拡大は雇用されている従業員にも、給与や労働時間の変化という影響を及ぼす。そして、この影響も推計できる。ただ、この影響は一様ではない。従業員には技能、職務、年齢などによって違いがあり、企業も業種や規模などで互いに異なる。そして、それらの異質性によって、貿易が各労働者や各企業に与える影響は様々になる。これは、従業員間の給与格差が拡大する可能性も示している。

第3章では、労働者の賃金や労働時間の変化のうち、どの程度が「チャイナ・ショック」によるものかを、企業と労働者の異質性を考慮して計測する。まず第1節では、産業や所得グループによって、従業者の特徴や輸入指標がどのように異なるかを概観する。次に第2節では、輸入ショックによって従業者の給与や労働時間がどの程度変化したかを推計する。最後に第3節では、輸入ショックによって給与格差は拡大するのか、そして実際に拡大したのかを確認する。なお、本章では「賃金」と「給与」をほぼ同じ意味で用いている。また、給与所得以外の所得は分析対象ではないので、「所得」も「賃金」や「給与」と同義になる。

1. 産業・所得によって異なる従業者と輸入

従業者のデータ

本章の分析で用いる従業者のデータは、厚生労働省『賃金構造基本統計調査』の1998年から2014年までの調査票情報である。『賃金構造基本統計調査』は民営事業所については5人以上の常用労働者を雇用する事業所が対象であるので、構築したデータには規模が比較的小さい事業所の従業者も含まれている。なお、いくつかの標本は分析に用いない。例えば、部長級・課長級の従業者は経営側になることがあるため分析対象に含めない。60歳以上の従業者も定年のために賃金プロファイルに断絶があることからサンプルから除き、さらに短時間労働者も分析に必要な学歴が調査対象になっていないためやはり削除する。(1) 標本の大きさは、約409万である。(2)

本章の序文で述べた、企業と労働者の「異質性」という言葉は、経済学の分析で2000年代以降に多く使われるようになった。これは、個人や企業について多様な指標を含むデータが利用できるようになったことが一因である。個人を例に「異質性」を考慮することの利点を説明すれば、個人の行動は年齢、家族構成、居住地、学歴、年収等の属性から影響を受けるので、これらを分析に取り込み、属性の異なる個人という個人の異質性を考慮することで、ある経済的ショックを受けた時の個人の多様な反応を理解できるようになることがある。

企業の異質性のうち、その属性によって輸入ショックの影響が異なってくるものとして、ここでは企業規模を考える。企業規模は3種類を考え、100人未満を小規模、100人以上1000人未満を中規模、１０００人以上を大規模とする。小規模企業に属する従業員はサンプルの37％、中規模企業に属する従業員は36％、大規模企業に属する従業員は27％である。

企業規模で異なる輸入増加の影響は、以下のものが予想される。規模の小さな企業は外国からの輸入品を自社生産の中間投入としてはあまり用いておらず、そのため上流産業からの間接輸入効果の恩恵をあまり受けないだろう。それに対し、規模の大きな企業の中には、輸入品を原材料や部品に使用しているものも多く、その企業は輸入の増加から正の影響も受けることができる。ただ、もし大規模企業の方が日本市場で自社製品と外国製品がより激しく競合するのであれば、外国からの輸入増加は大規模企業の経営により深刻な影響を及ぼす。なお、本章の分析で用いるデータは従業員レベルのものであるので、前章のような地域効果は観察されない。

従業員の異質性は、技能と性別から考える。技能の区分としては、学歴、業務、そして役職を用いる。高技能労働者の定義は、学歴については大学卒（短大、高等専門学校、大学院を含む）の従業者、業務については就業者数10人以上の事業所で管理・事務・技術等の非生産部門業務に従事する者、役職については就業者数１００人以上の企業で係長級・職長級の肩書を有する者である。[3] なお、大卒、非生産部門、役職は外国を事例にした先行研究でも用いられている技能区分であるが、日本の企業内労働市場の実態から見てなお適切な定義かどうかは、慎重に判断する必要があろう。大卒従業者はサンプルの17％、非生産部門従業者は36％、係長級・職長級の従業者は10％である。また、性別は男女を考え、女性従業者はサンプルの26％である。

本章では中国からの輸入の影響を分析するが、高技能労働者を大学卒労働者と定義すれば、全労働者に占める高技能労働者の比率は日本の方が中国よりも高い。第1章6節で説明したHOモデルによれば、この状況では、日中間の貿易が拡大すると日本の高技能労働者の実質賃金は上昇し、日本の低技能従業者の実質賃金は下落し、両者の所得格差は拡大する。ただ、この後に示す結果を先回りして述べると、中国からの輸入ショックが日本の高技能労働者の賃金に及ぼす影響は、企業規模によって、また輸入指標によって異なり、HOモデルが予想するような一様な結果にはならなかった。

次節の分析では、年間給与などを説明する変数として、勤続年数、事業所ダミー、有期雇用ダミーなど多くの変数を用いている。製造業内の産業分類は108種を考える。石油製品製造業と非鉄金属製錬・精製は、それらの産業で使用する原材料を日本はほとんど輸入しており、かつ、原材料の輸入と最終財競合品の輸入の区別がつきづらいことから、また、大きく変動する資源価格の影響を強く受けることから、ここでは分析に用いない。

産業別・所得別の従業者の特徴

従業者の企業規模別、技能別、性別比率は、産業間で大きく異なるが、年間給与との関係を見ると相関がある。1998年の『賃金構造基本統計調査』調査票情報でそれを示したのが図3-1である。(4)

図3-1Aは、ある産業の全従業者のうち、中規模企業に勤務する従業者の比率と、大規模企業に勤務する従業者の比率について、108産業別に図示したものである。縦軸はこれらの比率、横軸は各産業の従業者の平均年間給与である。平均年間給与は最も低い産業で214万円、最も高い産業で567万円である。大規模企業に勤務する労働者の比率は、給与の低い産業のいくつかでゼロである

反面、高い産業の中には90％を超えるものもある。図3−1Bは、従業者の技能別で同様の図を描いたものである。傾向としてはやはり、平均年間給与が高い産業で、大卒、非生産部門、係長級・職長級といった高技能労働者の比率が高い。図3−1Cは産業別の女性比率で、年間給与が高い産業で女性比率が低くなっている。

これらの図を所得別に書き直したのが、図3−1Dから図3−1Fである。図3−1Dは、全産業の従業員を年間給与の低い方から高い方に100のグループに等分し、各グループの平均年間給与と従業者の中規模・大規模企業勤務比率を図示したものである。年間給与は最も低いグループで114万円、最も高いグループで971万円である。産業別平均の図3−1Aと比べ、平均年間給与が高くなるほど大規模企業に勤務する従業者の比率が高くなる関係が明瞭に描かれている。大規模企業従業者の比率が最も高くなる（73％）のは、年間給与の高い方から2番目のグループ（873万円）である。また、中規模企業に勤務する従業者の比率は平均年間給与と山型の関係があり、給与が270万円近辺のグループで中規模企業比率が45％と最大になることもわかる。図3−1Eは従業者の技能別で、平均年間給与が高いグループで高技能労働者の比率が高い関係が明瞭に示されている。最後に、図3−1Fは女性比率で、やはり年間給与が高くなるほど女性比率が低い。

産業別・所得別の輸入指標の特徴

本章での輸入ショックは、第2章と同様、中国からの輸入を考える。各産業の中国からの輸入の指標は、本章では輸入浸透度を用いる。また、第2章で紹介した三つの指標、すなわち、直接輸入指標、

図3-1　企業・労働者の異質性と年間給与

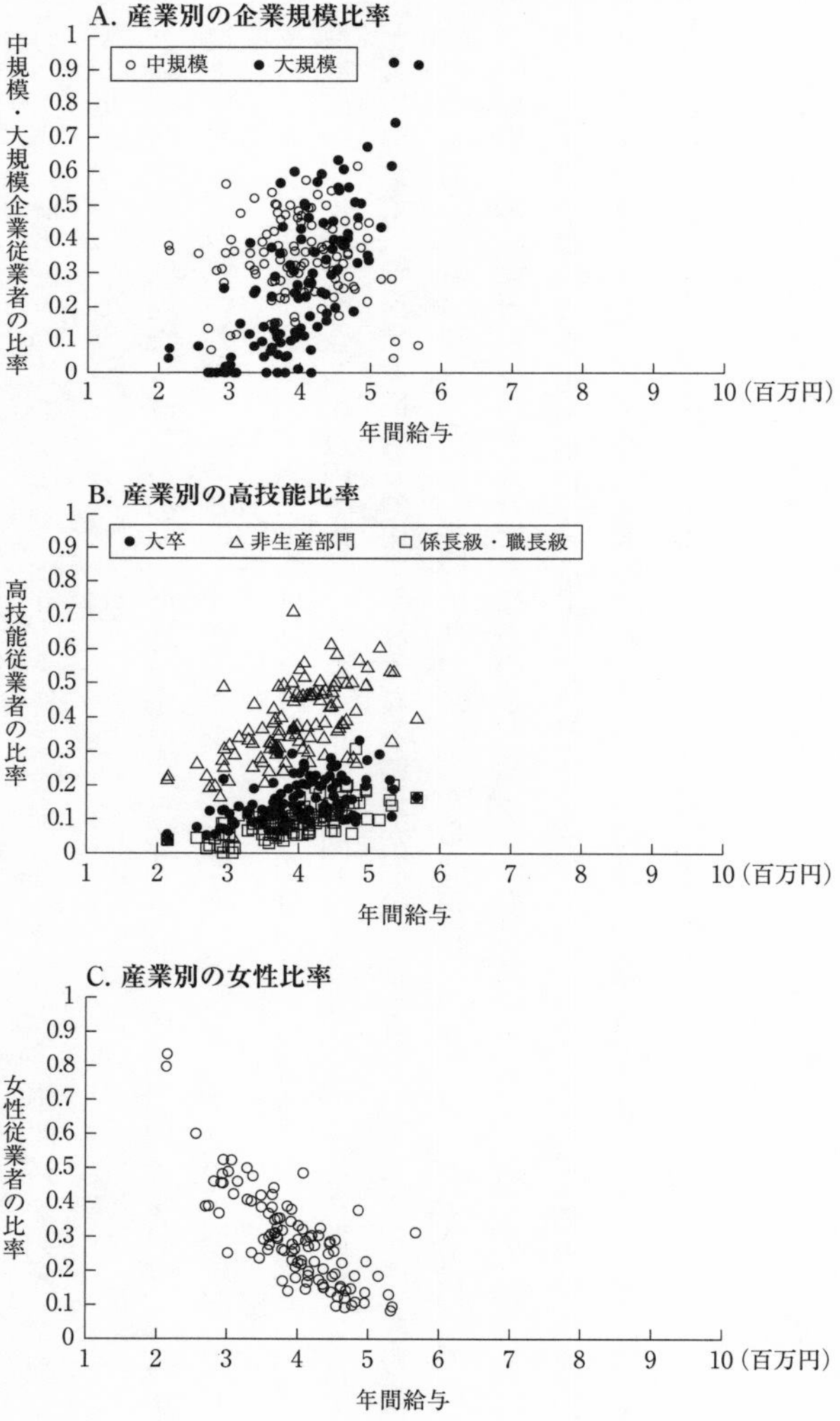

D. 所得別の企業規模比率

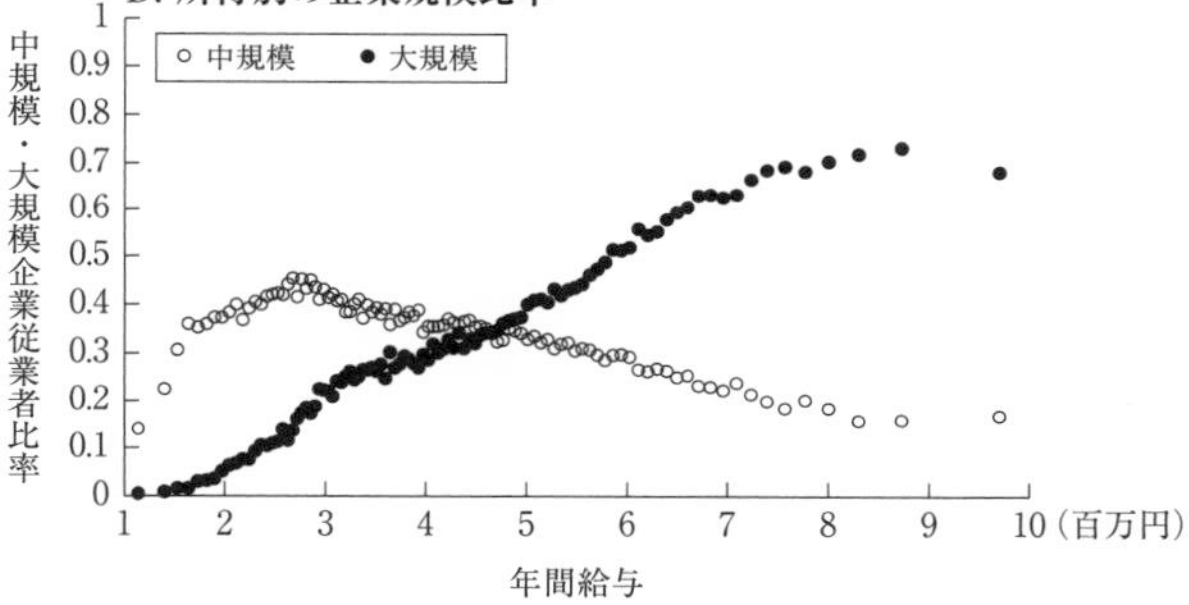

E. 所得別の高技能比率

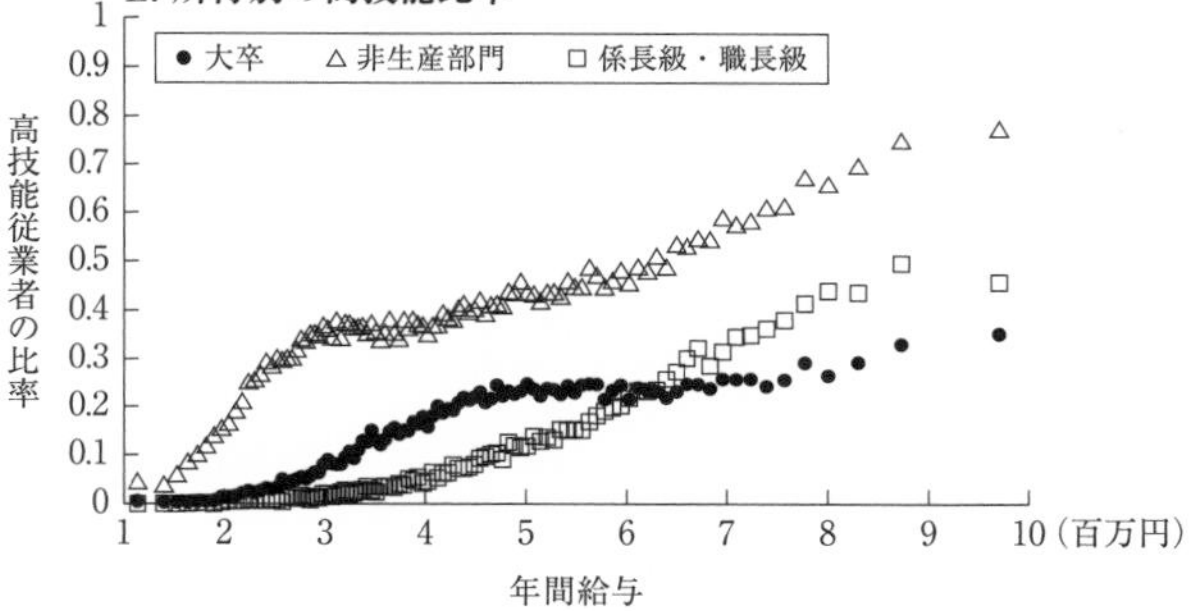

F. 所得別の女性比率

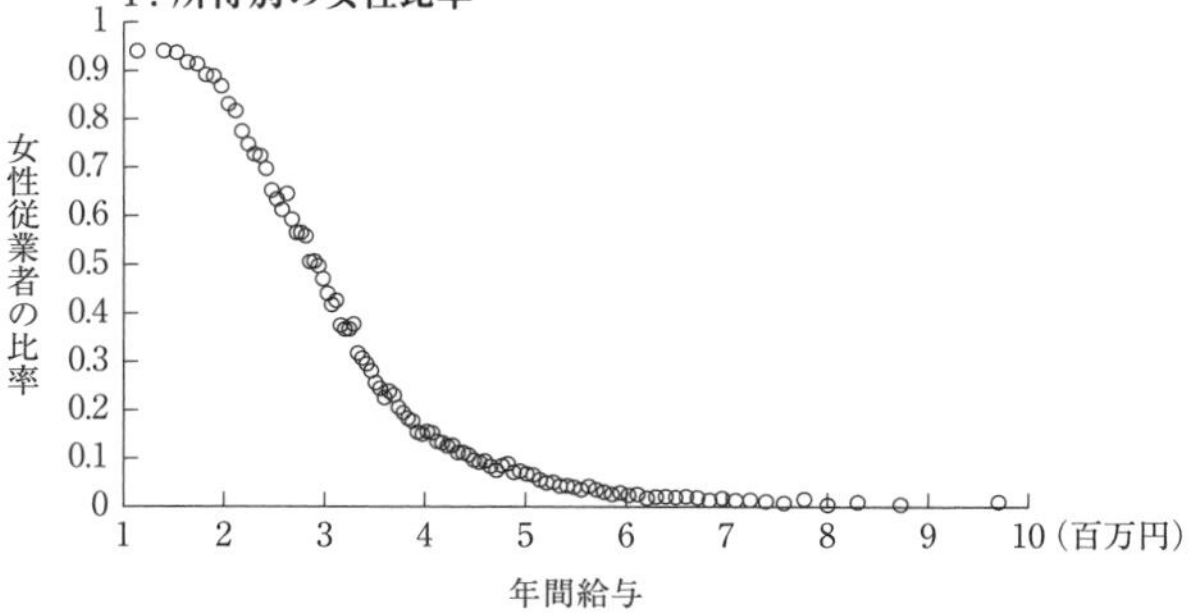

出所：厚生労働省『賃金構造基本統計調査』平成10年調査の調査票情報より筆者作成。

下流産業からの間接輸入指標、上流産業からの間接輸入指標を用いる。なお、これらの数字も、GDPデフレーターで実質化している。

ある産業の直接輸入指標は、日本国内への総供給に占める輸入の割合である。より正しく表現すると、ある産業におけるある年の直接輸入指標は、当該年のその産業に属する商品の輸入額を、その産業に属する商品の1996年時点での国内供給総額で割ることで得る。1996年時点での国内供給総額は、この年の国内生産額に輸入額を加え、輸出額を除いたものである。

例えば、ある産業に分類される商品の1996年時点での国内生産額は6兆円、輸入額が0・5兆円、輸出額が1・5兆円とすると、1996年のこの産業の国内供給総額は5兆円である。そして、2006年時点での輸入額が1兆円とすると、2006年のこの産業の直接輸入指標は0・2となる。また、直接輸入指標が0・01増加するというのは、1996年時点での国内供給総額5兆円の1%分、すなわち500億円分だけ輸入額が増加することを意味する。(5)

ただ、企業は、自企業が生産する商品と直接競合する輸入財から影響を受ける以外に、自企業が商品を販売する先の国内企業が直面する輸入競合(下流産業からの間接輸入)、そして自企業が中間財を購入する相手の国内企業が直面する輸入競合(上流産業からの間接輸入)からも影響を受ける。

第2章1節では、電子デバイス産業を例にこれを説明した。この産業に属する企業は、電子デバイスの輸入増加から受ける直接的な影響だけでなく、コンピュータや通信機器の輸入増加によって国内でこれらを生産していた企業の規模が縮小し、電子デバイスを中間財として購入しなくなるという間接的な影響も受ける(下流産業からの間接輸入)。また、原料である化学工業製品、プラスチック製品、金属製品の輸入は、電子デバイスの生産を拡大させ、労働者の賃金を引き上げる効果もあれば、既存の原材料の国内供給企業が輸入競争によって縮小し、これまでのように原材料を確保できなくなり、それが電子デバイス産業の企業の賃金を引き下げる効果もあろう（上流産業からの間接輸入）。

図3-2は、1997年の三つの輸入指標と平均年間給与の関係を、産業別と所得別で描いたものである。[6] 図3-2Aは108産業別であり、0・1以下の輸入指標を持つ産業が非常に多いことがわかる。しかし、年間給与が400万円以下の産業では0・1以上の輸入指標を持つものもあり、傾向としては年間給与の高い産業で輸入指標が小さいことがわかる。つまり、年間給与の高い産業は日本が比較優位を有する産業におおむね合致する。

給与と輸入の負の関係がより明瞭に表れるのは所得別の図3-2Bで、直接指標は年間給与の最も低いグループで0・1に近い値であるが、年間給与が250万円近くまで上昇すると0・02近くまで低下し、その後も年間給与が増加するにつれて漸減する。これは、年間給与の高い従業員は、日本が比較優位を有する産業に多く従事していることを示している。なお、下流産業からの間接輸入指標と上流産業からの間接輸入指標は、共にどの所得グループでも小さく、図中でほぼ重なり合っている。

ただ、この図の解釈で注意してほしいのは、輸入が増えると年間給与が低下するとは、この図だけからでは言えないことである。年間給与と輸入に負の関係があるのは、他の因果関係も考えうる。例えば、国内企業の生産性が両者の原因で、国民の需要が強い商品を生産できるので給与も高くなり、また外国財を購入したい国民が減って輸入が少なくなるのかもしれない。輸入が原因で年間給与が結果である因果関係を計測するため、本章では操作変数法を用いる。

図3-2　輸入指標と年間給与

A. 産業別の輸入指標

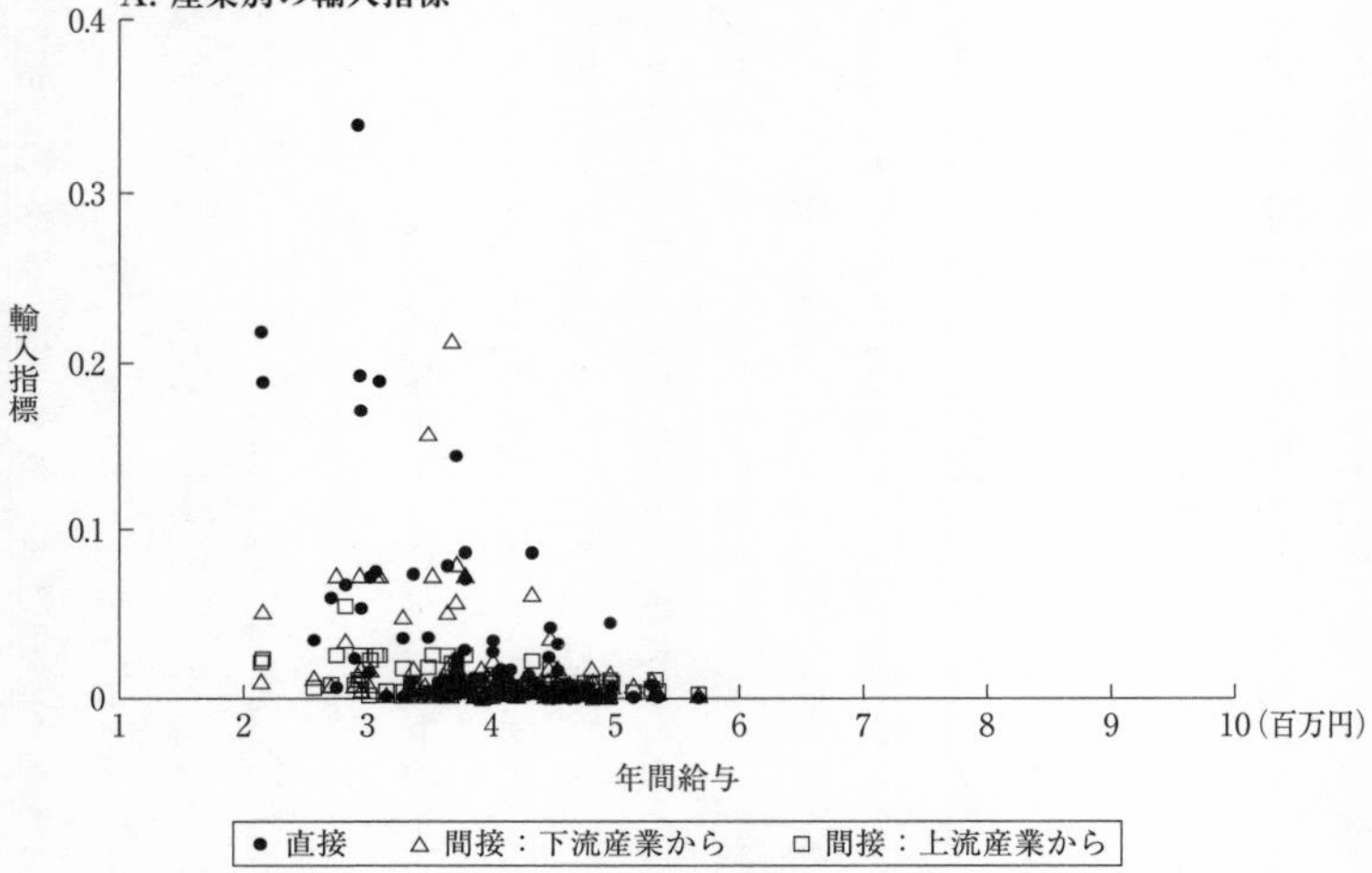

B. 所得別の輸入指標

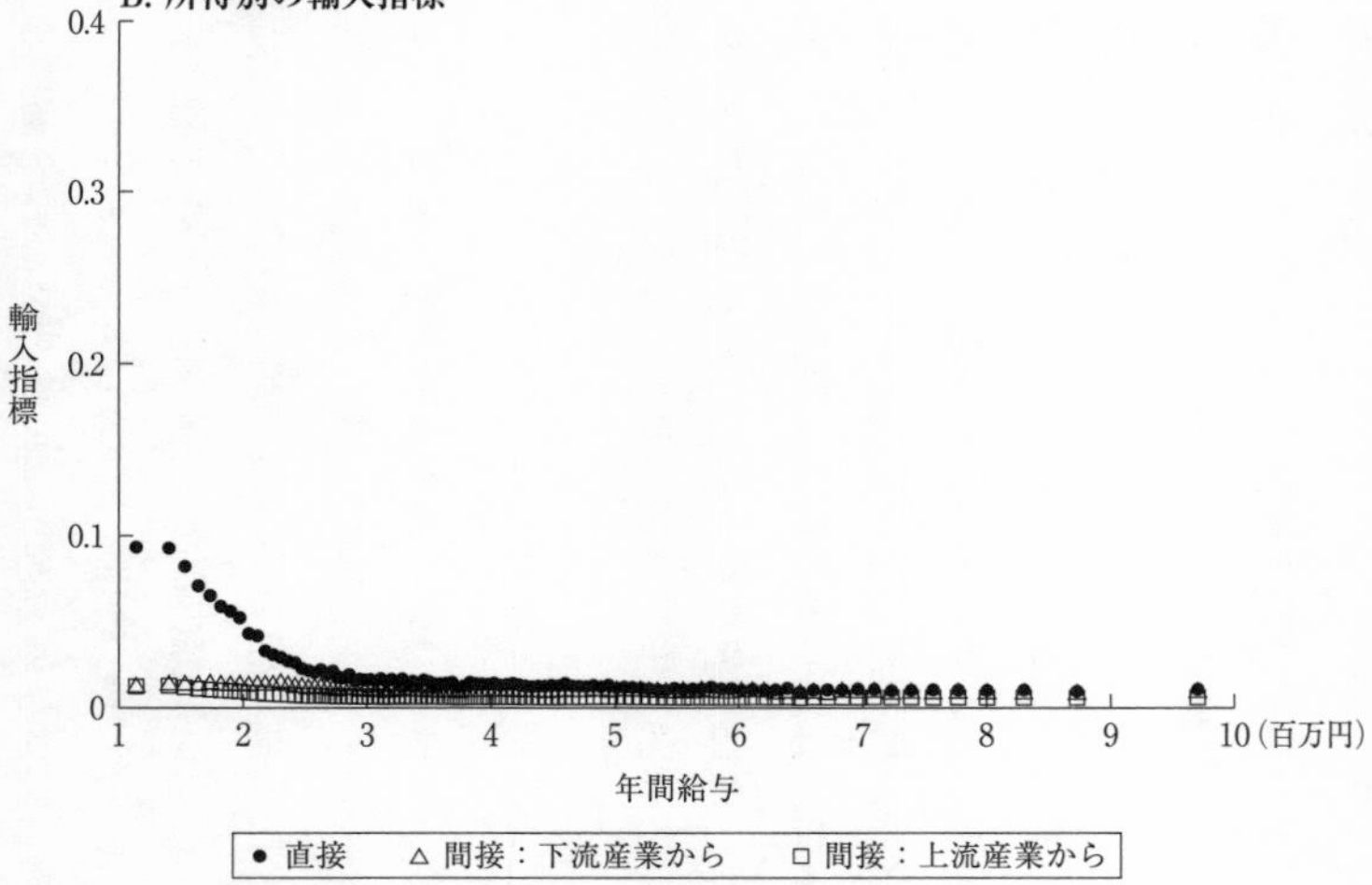

出所：財務省『貿易統計』平成9年と総務省『平成23年産業連関表』より筆者作成。

2. 給与と労働時間へのチャイナ・ショックの影響

年間給与への影響

本章第1節で見たように、産業によって、あるいは所得階層によって、従業者が勤務する企業の規模、従業者の技能や女性比率、そして従業者が直面する輸入ショックは異なる。次にこの節では、従業者や企業の異質性を考慮しながら、輸入ショックによる従業者の労働条件の変化を検討する。

表3−1は、ある年における中国からの輸入が翌年の従業者の年間給与、時給、労働時間に与える影響を、回帰分析によって推計した結果である[7]。表中の数字は、指標が0・01ポイント増加した時に年間給与が何％変化するかの推定値である[8]。

この表の見方を説明しよう。結果（1）から（3）は、それぞれある年の輸入が翌年の年間給与、時給、実労働時間に及ぼす影響についての推計結果である。従業者の属性としては、前節で考えた要素（企業規模、技能、性別）を全て含めている。輸入に関する説明変数は、直接輸入指標、下流産業からの間接輸入指標、そして上流産業からの間接輸入指標の3種類であり、これらが異なる属性を持つ従業者に及ぼす異なる影響を把握できる推計を行う。表中ではその結果を、セットA（直接輸入指標）、セットB（下流産業からの間接輸入指標）、セットC（上流産業からの間接輸入指標）とグループ化して示している。各セットについて、表中の一番上の「基本グループ」は、従業員総数100人未満の企業に属し、最終学歴が中学卒あるいは高校卒で、生産部門で働き、職長や係長といった役職には

表3-1　中国からの輸入の年間給与、時給、労働時間への影響

	(1) 年間給与	(2) 時給	(3) 実労働時間
（セットA）直接輸入指標			
基本グループ	0.004	−0.006	0.010
＋中規模企業従業者	**−0.141**	**−0.095**	**−0.046**
＋大規模企業従業者	**−0.214**	**−0.208**	−0.007
＋大卒従業者	−0.014	−0.011	−0.004
＋非生産部門従業者	**0.191**	**0.141**	**0.050**
＋係長級・職長級	−0.031	−0.004	**−0.027**
＋女性従業者	−0.023	**−0.064**	**0.040**
（セットB）下流産業からの間接輸入指標			
基本グループ	**−0.191**	0.015	**−0.206**
＋中規模企業従業者	−0.048	−0.123	0.075
＋大規模企業従業者	−0.136	−0.112	−0.024
＋大卒従業者	**0.099**	**0.105**	−0.006
＋非生産部門従業者	**−0.091**	**−0.124**	0.033
＋係長級・職長級	0.046	**0.073**	−0.027
＋女性従業者	**−0.063**	−0.041	**−0.021**
（セットC）上流産業からの間接輸入指標			
基本グループ	**−1.305**	**−1.478**	0.174
＋中規模企業従業者	**1.198**	**0.982**	**0.216**
＋大規模企業従業者	**3.286**	**2.914**	**0.371**
＋大卒従業者	0.057	**−0.229**	**0.286**
＋非生産部門従業者	**0.145**	**0.133**	0.012
＋係長級・職長級	**0.500**	**0.325**	**0.175**
＋女性従業者	0.089	0.047	0.042

注：太字の推定値は、5%水準で有意であることを示す。

出所：厚生労働省『賃金構造基本統計調査』平成10年調査から平成26年調査の調査票情報、総務省統計局『事業所・企業統計調査』平成11年、平成13年、平成16年、平成18年調査の調査票情報、総務省統計局『経済センサス—基礎調査』平成21年調査の調査票情報、総務省統計局・経済産業省『経済センサス—活動調査』平成24年調査の調査票情報、その他公開情報より筆者作成。

就いていない、男性従業員とする。

結果（1）で、各セットの一番上の行にある数字は、中国からの輸入が基本グループの年間給与に及ぼす影響の推定値である。直接輸入（セットA）については、これが基本グループの年間給与に及ぼす影響の推定値は0・004である。これは、直接輸入指標が0・01ポイント高くなると（前述の例を用いれば、1996年の国内供給総額が5兆円の産業で、その1％分である500億円分だけ直接輸入が増加すると）、基本グループの年間給与が0・004％上昇することを意味する。この値は非常に小さく、また有意ではない。

直接輸入が基本グループの従業員の年間給与にほとんど影響を及ぼさないのは、やや意外な結果である。これは、中国からの輸入競争の激化によって、小規模企業は賃金を引き下げて経営を続けるよりも市場から退出する方を選びやすく、そのため賃金の低下が観察されにくいことを反映していると思われる。または、小規模企業で生産部門に従事している低技能労働者の作る製品は、多品種少量生産のものが多く、そのため中国からの輸入品との競合関係があまりないのかもしれない。

これに対して、下流産業からの間接輸入（セットB）の基本グループの年間給与への影響の推定値はマイナス0・191で、5％水準で有意である。マイナス0・191という数字は、ある産業における下流産業からの間接輸入指標が0・01ポイント上昇すると、その産業の基本グループの従業員の年間給与が0・191％減少することを意味する。上流産業からの間接輸入（セットC）も、基本グループの年間給与を引き下げる。その推定値はマイナス1・305で、有意であり、絶対値では下流産業からの間接輸入指標よりも大きな値である。つまり、同じ程度の間接輸入の増加であれば、上流産業からの間接輸入は、下流産業からの間接輸入よりも年間給与を引き下げる効果が強い。

中国から日本国内の下流産業あるいは上流産業を通じてもたらされる間接的な輸入ショックは、国内の基本グループ労働者の年間給与を低下させる。下流産業からのマイナスの効果は、自社製品をこれまで納入していた国内販売先企業の活動が中国からの輸入によって縮小すること、上流産業からのマイナスの効果は、自社がこれまで原材料・部品を購入していた国内供給元の活動が中国からの輸入によって縮小して調達が滞ることを、それぞれ反映しているかもしれない。

基本グループと異なる属性を持つ従業者への輸入の影響は、基本グループへの効果に、属性別の追加効果を加算したものになる[9]。セットAを使って直接輸入の影響の計算方法を例示すると、従業員数1000人以上の大規模企業に属し、大卒で、係長であるという3点で基本グループと異なっている従業者への影響は、基本グループへの影響（0・004）に、大規模企業従業者の追加効果であるマイナス0・214、大卒従業者への追加効果であるマイナス0・014、そして職長・係長への追加効果であるマイナス0・031をあわせたマイナス0・255になる。つまり、このタイプの従業者は、中国からの直接輸入の増加によって年間給与が減少するのである。結果（1）では、セットAの6種類の追加効果のうち3種類で推定値が有意である[10]。

結果（1）に示した輸入の追加効果を、企業規模、技能、性別の順に見てみよう。まず、企業規模についてである。中国からの直接輸入は（セットA）、基本グループの年間給与をほとんど変化させないが、中規模企業の従業員の給与を低下させ、大規模企業の従業員についてはその低下幅がさらに大きくなる。これは、大規模企業の製品は日本市場で中国からの輸入品と激しく競合していること、そして大規模企業は労働者数を減らすのではなく賃金を減らすことで経営を維持することを示しているかもしれない。下流産業からの間接輸入についても（セットB）、有意な結果ではないが、そのマイナス効果は企業規模が大きくなるにつれて強まる。

これに対して、上流産業からの間接輸入は（セットC）、基本グループの年間給与を引き下げるが、中規模企業の従業者にとってはこのマイナス効果は弱まり、大規模企業に勤める労働者にとっては、輸入が年間給与をむしろ引き上げることになる。これは、企業規模が大きくなると、自社が直接中国からより多く原材料や部品を購入するようになり、それによって費用を低減させたり魅力的な製品を販売したりできるようになることを表していると思われる。

次に技能については、直接輸入についても下流産業からの間接輸入についても（セットB）、大卒従業者、非生産部門従業者、係長級・職長級従業者という三つの属性への追加の影響で正負が混在し、その中に統計的に有意ではないものもある。高技能労働者と低技能労働者の差であるスキル・プレミアムに輸入が与える影響が一様ではないという結果は、日本企業は従業者が輸入から異なる影響を受ける場合、賃金調整や社内異動によってそれを社内で平準化する傾向が強いことを表しているのかもしれない。ただ、上流産業からの間接輸入については（セットC）、三属性全てで追加の効果はプラスである。また、有意な推計値を各セットで見ると、プラスのものが多い。

最後に性別については、女性従業者の追加の輸入効果は輸入指標によってプラスにもマイナスにもなり、かつその推計値は他の追加効果と比べてそれほど大きくない。日本の製造業では、中国からの輸入がジェンダー・ギャップに及ぼす影響は限定的である(11)。

以上の結果は、従業者間の年間給与格差が輸入増加によって拡大することを示唆する。確かに、直接輸入と下流産業からの間接輸入は、基本グループの小規模企業よりも給与の高い中規模・大規模企業で給与をより引き下げる。これは、給与格差を縮小させる要因になる。ただ、上流産業からの間接輸入は逆に給与格差を拡大させる。そして、各輸入指標の統計量や表3-1の推計値を見ると、後者の効果の方が強いと思われる。[12] 大卒従業者、非生産部門従業者、係長級・職長級も、その属性によって給与は高くなるが、輸入の追加効果でもプラスが多い。このように、中国からの輸入の増加は、もともと年間給与の低かったグループの給与を引き下げ、もともと高かったグループについてはその引き下げ幅を小さくするか、あるいは給与を引き上げることが予想される。この、輸入と年間給与格差の関係は、本章第3節でデータに基づく分析結果を紹介する。

雇用への影響との関係

なお、読者の中には、第2章の雇用への影響と本章の賃金への影響に、齟齬を感じる人がいるかもしれない。例えば、上流産業からの間接輸入指標については、その上昇によって国内の中小規模事業所の雇用が大きく増加するという結果を、第2章の地域レベルの分析で得ている。ただ、表3-1の結果によれば、上流産業からの間接輸入によって小規模企業従業者の給与は下落し、大規模企業従業者の給与は上昇している。これらの結果は矛盾するように見えるが、背景には分析期間の違い（第2章は10年間の変化、本章は1年間の変化）、分析レベルの違い（地域レベルと労働者レベル）、規模の分類で用いた経済主体の違い（事業所と企業）などがある。

第2章と本章の結果は様々な企業行動から説明できるが、例えば以下のようなものがあろう。大規模企業は中国から部品を直接購入しやすくなったことで業績が上向き、それによって給与が上昇した。あわせて、国内事業所での部品生産を徐々に取りやめ、数年かけて国内事業所を再編し、大規模事業所は規模を縮小したが、小規模事業所は規模を維持した。また、それまで中国から部品を購入したことのなかった小規模企業は、当初は中国からの部品輸入の増加によって、取引相手の国内部品供給業者が経営を止めたために調達が滞ったり、中国からの部品を利用して生産を拡大した大規模企業に圧されたりして、賃金が下落した。しかし、その後数年かけて、直接・間接に輸入した部品を使うようになったり、同じ業界の大規模企業からの発注が増えたりして、経営を継続できるようになり、小規模企業の事業所での雇用の喪失数が減少した。

時給と労働時間への影響

表3–1の結果（1）に示した年間給与の変化は、年間労働時間の変化と、年間給与を年間労働時間で割って得られる時給の変化とに分けることができる。同表ではその結果も示している。例えば、セットCの基本グループの結果（1）にあるように、ある産業において上流産業からの間接輸入指標が0・01ポイント上昇すると、その産業の基本グループの従業員の年間給与は1・305％増加するが、結果（2）と（3）より、それは時給が1・478％減少し、労働時間が0・174％増加した結果であることがわかる。この関係は、追加効果であっても同様に成り立つ。表3–1を見ると、直接輸入でも間接輸入でも、総じて時給の変化率の方が労働時間の変化率より大きいことがわかる。つ

まり、輸入は主に時給の変化を通じて年間給与を変化させるのである。

輸入の増加によって、あるタイプの従業員への企業の労働需要が減少した場合、その従業員の時給の低下と雇用量の減少が共に観察されることが想定される。そして、雇用量の減少は、雇用者数の減少と個々の雇用者の労働時間の減少によってもたらされる。労働時間への影響が小さいという表3–1の結果には、以下の三つの要因が背景にあると思われる。第一に、雇用量の調整が労働時間ではなく、雇用者数の調整で主に行われた。雇用者数の調整方法は、存続事業所での採用や解雇だけでなく、事業所の開設や閉鎖もある。第二に、短時間労働者以外の一般労働者は就業規則で労働時間が決まっているので、労働時間の調整の余地が少なかった（企業内労働市場における個々の労働者の労働供給曲線の傾きは垂直に近かった）。第三に、もし労働者が、需要要因で決まる労働時間の変化を相殺するように、自身の労働時間を残業や有給休暇を用いて自発的に変更していたとすれば、輸入が労働時間に及ぼす影響はさらに小さくなる。

3. 給与格差は拡大したか

輸入による累積給与変化率の推計

第2節で述べたように、中国からの輸入の増加は製造業従業者間の年間給与格差を広げると予想される。そこで本節では、データを用いて実際の輸入増加が年間給与格差に及ぼす影響を推計する。なお、ここでは時給や労働時間の格差への影響についての推計結果は示さない。それは、表3–1にあるように、時給の格差への影響は年間給与の格差への影響と類似していると考えられ、また、労働時間の格差への影響は微小であることによる。

１９９８年の年間給与が、１９９８年から２０１３年までの16年間の輸入によって、累積でどの程度変化するかを推計したのが、図３‐３である。設定は、１９９８年に調査票情報のある従業者が、勤務する産業、勤務する企業の規模、自身の技能（中高卒あるいは大卒、生産部門あるいは非生産部門、役職なしあるいは役職付き）、自身の性別を変えずに２０１４年まで働いたというもので、直接・間接輸入指標の産業別変化によってこの従業者の年間給与が２０１４年までの累積でいくら変化したかを、表３‐１の結果（１）を用いて計算した。[13] そして、計算対象となった従業者を、１９９８年の年間所得の低い方から高い方に１００のグループに等分し、各グループの２０１４年までの平均累積所得変化率を図示した。横軸は各グループの１９９８年の平均年間給与、縦軸は輸入による各グループの２０１４年までの平均年間給与の変化率である。

図３‐３Ａは、表３‐１の結果（１）の追加効果も含めて全て考慮した場合の変化と、追加効果を除いた基本グループ（従業員総数１００人未満の企業に属し、最終学歴が中学卒あるいは高校卒で、生産部門で働き、職長や係長といった役職には就いていない、男性従業員）での変化を図示したものである。

図中の「全て考慮」は、異質性の追加効果を全て考慮する場合である。中国からの輸入による年間給与の減少率が最も大きいのは2番目に年間給与の低いグループで、２０１４年までに年間給与が４・０％減少する。このグループの平均年間給与は１４０万円なので、これは中国からの輸入によって16年間で５・６万円減少することを意味する。そこから年間給与が高くなるほど低下率は小さくな

図3-3　輸入から推計された年間給与の変化

A. 追加効果を全て考慮あるいは考慮せず

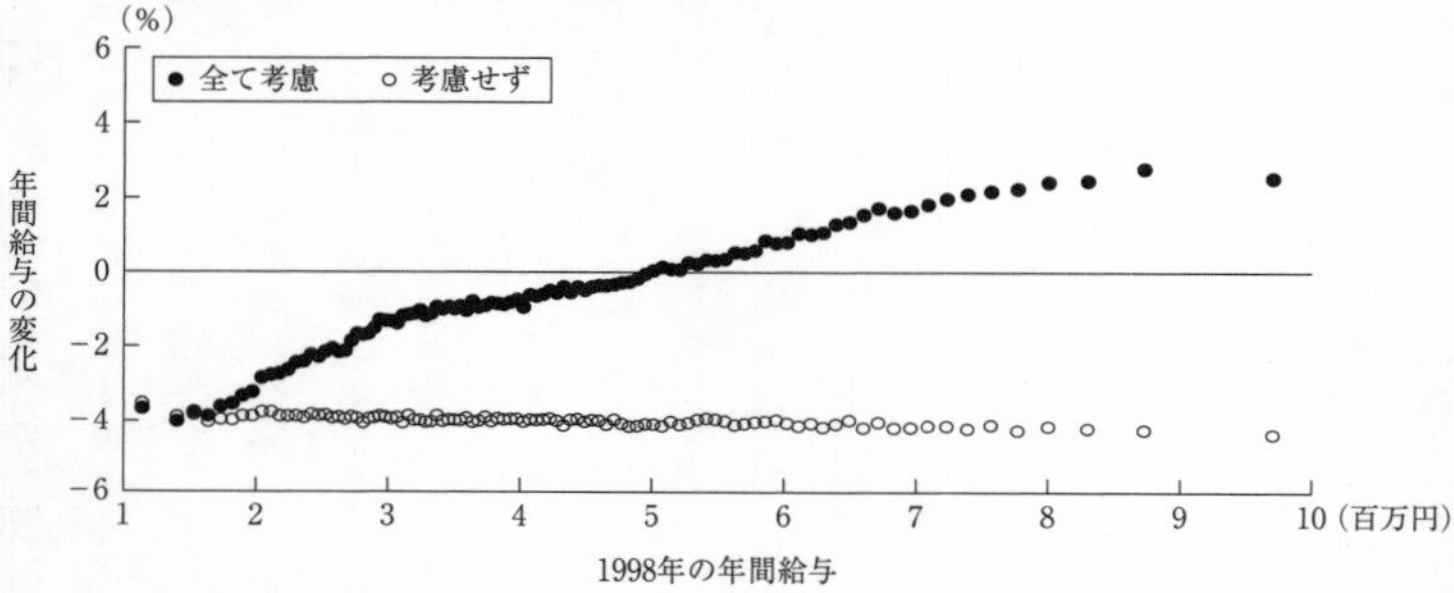

B. 直接効果と間接効果

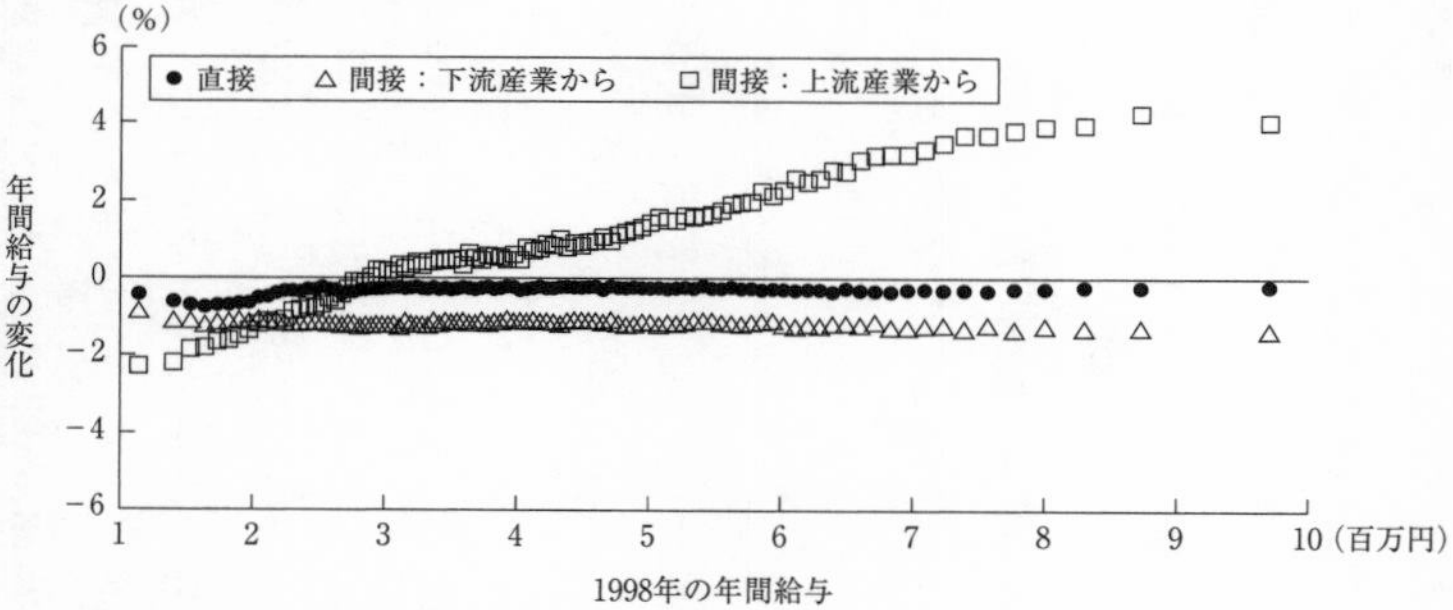

C. 企業規模・技能・性別の追加効果

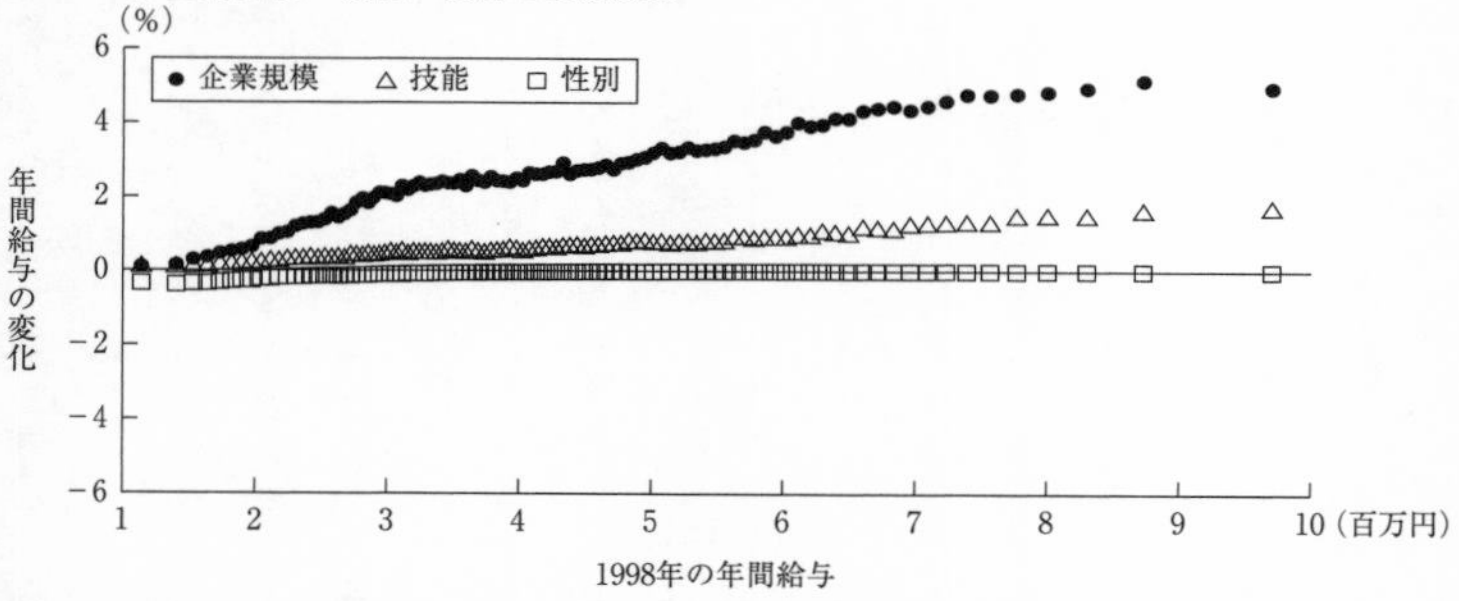

出所：厚生労働省『賃金構造基本統計調査』平成10年調査の調査票情報、財務省『貿易統計』、本書表3-1、および補論表3-1の結果より筆者作成。

り、年間給与のグループが低い方から数えて68番目、５００万円程度になると逆に年間給与は増加するようになった。年間給与の増加率が最も大きいのは2番目に年間給与の高いグループで、２・８％増加する。このグループの平均年間給与は８７３万円なので、16年間の増加額は24・４万円である。

この結果は、輸入の増加によって日本国内の製造業従業員の三分の二は年間給与が低下すること、そして給与格差が拡大することを明瞭に示している。ただ、この給与格差拡大効果は比較的小さい。最も下落するグループと最も上昇するグループの差は16年間で６・８％なので、年間にすると０・４％を若干上回る程度である。(14) また、年間給与の16年間の変化額を１９９８年に調査票情報のある従業者について平均すると、わずかではあるがプラスになる。

他方、「考慮せず」は、異質性の追加効果を全く考慮せず、輸入に関する説明変数は直接輸入指標と二つの間接輸入指標だけである。この結果では、中国からの輸入が16年間で年間給与を押し下げる程度は、１９９８年の給与水準とそれほど関係がなく、どの所得グループでも４％程度であった。これは、輸入の給与への影響は労働者によって異なるが、その異なる影響を生み出すのは労働者の属する産業の違いではなく、労働者の勤務する企業の規模や労働者の技能の違いであることを表している。

次に図3-3Bでは、結果（１）の直接輸入効果とその追加効果（セットA）、下流産業からの間接輸入効果とその追加効果（セットB）、そして上流産業からの間接輸入効果とその追加効果（セットC）を別々に図示した。このパネルを見ると、中国からの直接輸入も下流産業からの間接輸入も、全ての所得グループの年間給与を同程度引き下げることがわかる。

これに対して、上流産業からの間接輸入は、所得の低いグループの所得をさらに引き下げ、逆に所得の高いグループの所得をさらに引き上げている。この給与格差拡大は、上流産業からの間接輸入が小規模企業の従業者の給与を引き下げ、大規模企業の従業者の給与を引き上げる効果による。つまり、給与格差拡大の主因は、企業の規模を通じた上流産業からの間接輸入の効果である。上流産業からの間接輸入は、第2章の地域レベルの分析では雇用を大きく増加させる効果があったが、本章の年間給与でも給与格差を拡大させる主要因であることが示され、日本の製造業の雇用と賃金に強い影響を及ぼしている。これは、アメリカなど他国の事例では報告されていない、日本に特徴的な結果である。

最後に図3-3Cは、企業規模、技能、性別の追加効果を別々に計測して図示したものである。つまり、これらは図3-3Aにおける、追加効果を「全て考慮」する場合と「考慮せず」の場合における給与への影響の差を、企業規模、技能、性別の追加効果に分解したものである。輸入が給与格差を拡大させる要因として最も影響が大きいのは、やはり企業の異質性を示す企業規模である。次いで労働者の異質性の指標である技能の影響で、性別の影響はほとんどなかった。

輸入による格差変化の推計

以上の結果から、輸入は従業者間の給与格差を拡大させることがわかった。最後に、実際の給与格差の変化に、輸入の影響が反映され、それが観察できたかを検証する。製造業従業者内の年間給与の格差のうち、産業、企業規模、技能、性別で説明できる部分については、表3-1の回帰分析の結果を用いて、輸入の影響を推計することができる。そこで、1998年から2014年までの各年の年間給与格差について、他の要因は一定として輸入の変化から予想される格差を計算し、図3-4でそ

図3-4　輸入から推計された格差変化と実際の格差

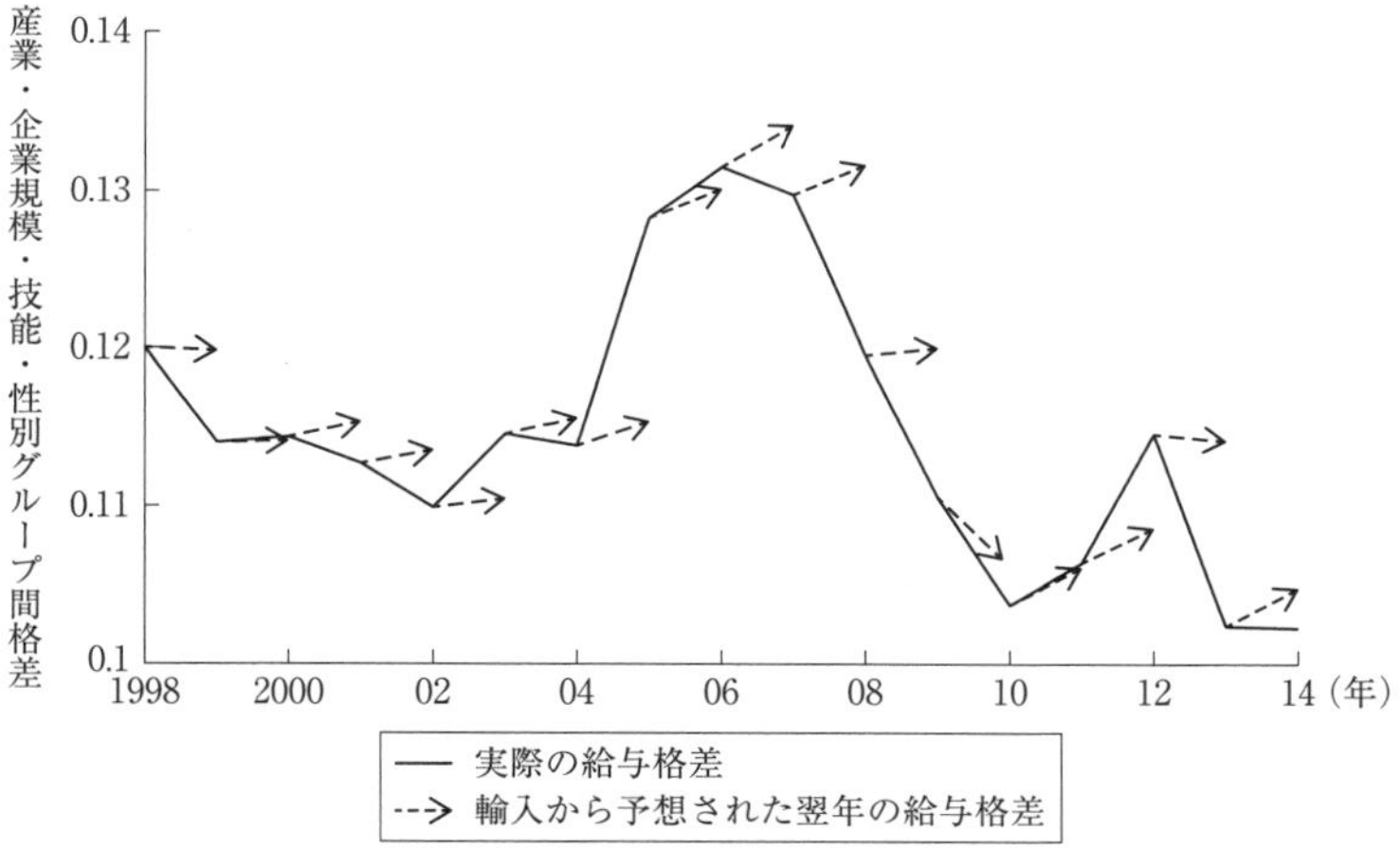

出所：厚生労働省『賃金構造基本統計調査』平成10年調査から平成26年調査の調査票情報、財務省『貿易統計』、本書表3-1、および補論表3-1の結果より筆者作成。

れを実際の格差と一緒に描いた[15]。

図3－4の縦軸は、産業・企業規模・技能・性別グループ間格差を表している。この数字は以下の計算から得た。本章の分析では、産業を108種類、企業規模を3種類、技能を4種類、性別を2種類考えているので、これらの種類の組み合わせは全部で2592（=108×3×4×2）通り存在する。まず、この2592通りの組み合わせ別に標本をグループ分けして、各グループの平均年間給与を計算する。次に、各標本をその復元倍率分だけ複製し、その後各グループについて、その平均年間給与の対数値と全従業者の平均年間給与の対数値の差の二乗をとる。最後に、この二乗の値を、全てのグループについて、グループに属する従業者数を用いて加重平均をとる。この値が大きいほど、2592グループ間の年間給与の差が大きいことを意味する[16]。

図中の実線は各年の実際の産業・企業規模・技能・性別グループ間格差をつなげたもの、破線の矢印は輸入の変化から予想される翌年の格差への変化である。２００６年と２００７年を例にとると、グループ間格差は、２００６年の０・１３１６から２００７年の０・１２９８に減少していることが実線で描かれている。また、日本の中国からの輸入額は２００６年から２００７年にかけて増加しているので、他の要因が一定であれば、これによってグループ間格差も２００６年から２００７年にかけて増加することが予想され、２００７年の格差の予想値０・１３４２を２００６年の実際の値からつなげたのが、破線の矢印である。２００６年から２００７年については、輸入から予想されるのは格差の拡大であるが、実際の格差は逆に縮小している。

１９９８年から２０１３年までの16時点を見てみると、輸入から予想される翌年の格差の変化の方向と実際の変化の方向が合致しているのは約半数（９時点）であり、中国からの輸入が格差の変化の方向を説明する力は弱い。また、格差の変化幅も、輸入から予想される変化幅は実際の変化幅よりも概して非常に小さく、輸入が格差の変化の主要因になっていないことがわかる。この結果から、拡大する中国からの輸入は日本の製造業従業者内での年間給与格差を拡大する一因にはなるが、実際の格差の変化は他のより大きな諸要因によって規定され、輸入の効果は観察できなかったと言える。

第３章のまとめ

・中国からの輸入ショックが、日本の製造業従業者の給与と労働時間に及ぼす影響を推計した。
・直接輸入と下流産業からの間接輸入は、企業の規模を問わず、従業者の年間給与を引き下げた。

・上流産業からの間接輸入は、年間給与の高い大規模企業従業者の給与をさらに引き上げた。
・輸入ショックがスキル・プレミアムに与える影響は、輸入や技能の種類によって異なっていた。
・輸入によって従業者の三分の二は年間給与が低下し、給与格差は16年間で最大6・8%拡大した。
・輸入が給与格差を拡大させる要因として、企業の異質性が労働者の異質性よりも強かった。
・年間給与を時給と労働時間に分けたところ、時給の変化が年間給与の変化の主因であった。
・実際の年間給与格差の変化は主に他の要因によって規定され、輸入の効果は観察されなかった。

【第3章　注】

（1）分析に用いない標本を選択する基準についての詳細な説明は、Endoh（2021a）を参照。
（2）分析に使用する従業者と貿易のデータの基本統計量は、「ウェブ補論」の補論表3-1を参照。
（3）業務と役職について高技能労働者の定義がこのようになった背景には、『賃金構造基本統計調査』では、生産業務と非生産業務の区別は事業所規模10人以上の事業所、役職については企業規模100人以上の事業所の従業員についてそれぞれ質問されていることと、本研究では部長級・課長級の就業者は経営側であると判断して分析対象から外したことがある。
（4）『賃金構造基本統計調査』は標本を母集団から抽出しており、標本から母数を推計する際に用いる復元倍率も調査票情報に含まれている。各標本をその復元倍率分だけ複製したものから、図3-1を作成した。
（5）輸入指標を計算する際に1996年時点という分析期間前の国内供給総額を用いたのは、指標の基準となる分母が分析期間の輸入額によって直接・間接に影響を受けるのを避けるためである。後述の間接輸入指標の計算では1995年という分析期間前の産業連関表を用いたが、これも同じ理由からである。
（6）これらの図も、従業員の調査票情報に、その従業員が勤務する事業所の産業の輸入額を接続し、復元倍率分だけ複製したものから作成した。
（7）日本の対中輸入指数の操作変数として、第2章でも用いた八つの先進国（アメリカ、オーストラリア、スイス、スペイン、デンマーク、ドイツ、ニュージーランド、フィンランド）の中国からの輸入と日本の国内総供給で計算した輸入指数を用いる。

(8) 表3-1の結果（1）から（3）で共通のクレイベルヘン＝パープのF値は２４４と非常に高く、操作変数が適切であることを示している。説明変数には、表中に示されたもの以外にも、勤続年数、卒業後年数、事業所固定効果などを用いている。分析に用いられた説明変数の詳細は、Endoh (2021a) を参照。また、本章の回帰分析の結果は、二つの理由から、各サンプルの復元倍率をウェイトに用いていない。第一に、復元倍率は調査年の母数を推計するために付与されるもので、異なる年の復元倍率をそのまま一緒に使うことはできない。第二に、回帰式中の係数が産業、企業規模、年などで変わらないと言えるほど、多くの説明変数を本研究では用いている。「賃金構造基本統計調査」を用いた賃金関数の推定で復元倍率をウェイトに使う理由については、川口（２０１７）を参照。

(9) 回帰分析で交差項を用いて計測する効果を、ここでは追加効果と表現した。例えば、中規模企業従業者への輸入の追加効果は、「中規模企業従業者ダミー×直接輸入指標」という交差項の係数の推定値である。

(10) なお、あるタイプの従業者への基本効果や追加効果の推定値が有意であったとしても、これらの合計である総効果は有意にゼロとは異ならないこともある。

(11) これは、日本国内で女性従業員の比率が最も高い繊維・衣料産業において、分析期間中に増加した輸入は、中国からでなく、主に東南アジア諸国からであったことが一因かもしれない。

(12) 輸入指標の統計量については、「ウェブ補論」の補論表3-1を参照。

(13) このような設定を用いた理由は、データの制約から、調査対象の労働者を時系列的に追跡できないためである。『賃金構造基本統計調査』では、ある企業から労働者が離職した後、他の企業に移ることで以前と異なる給与を得たり、失業したり、求職活動を止めて非労働力人口になったりする変遷をたどることができない。そのため、ある従業者が、勤務する産業、勤務する企業の規模、自身の技能と性別を変えずに１９９８年から２０１４年まで働いたという設定で、長期の影響を推計した。

(14) ここでは二つのグループの間の給与格差を、両者の給与の比率で考える。二つのグループの給与変化率が同じであれば、この比率は変わらない。ただ、両グループの給与額そのものの差は増減する。

(15) ここで説明する賃金格差の計算式や、輸入による賃金格差の変化の推計方法について、詳しくはEndoh (2021a) を参照。

(16) 同じグループに属する従業者間にも給与格差は存在するが、その変化は本章の実証分析からは説明できないので、ここでは考察対象としていない。

第4章 オフショアリングのインパクト

第2章と第3章では、中国からの輸入によって、日本の製造業の雇用や給与がどのように変化したのかを推計した。輸入については、三つの指標を用いていた。すなわち、直接輸入指標、下流産業からの間接輸入指標、上流産業からの間接輸入指標である。このうち、上流産業からの間接輸入、すなわち、日本国内の生産工程で上流に位置する産業への輸入については、その増加によって国内の中小規模事業所の雇用が増加するという結果を、第2章の地域レベルの分析で得ている。そしてその理由を、外国からより多くの中間財を輸入して自社の生産に利用できるようになることに求めた。また、第3章の産業レベルの分析では、上流産業からの間接輸入が増加すると、大規模企業で年間給与や時給が上昇するという結果を得ている。

読者によっては、これらの結果を企業自身のオフショアリングによる効果と解釈するかもしれない。確かに、上流産業からの間接輸入には、企業が国内で調達していた原材料や部品を外国からの輸入に切り替えたものも含まれる。ただ、上流産業からの間接輸入の全てが中間財輸入に該当するわけでもないので、国内企業によるオフショアリングの拡大の影響をより厳密に分析するには、企業のデータを用いて、オフショアリングを行っている企業の経営を直接観察することが望ましい。そこで本章では、企業の異質性と労働者の異質性を考慮しながら、オフショアリングが年間給与、時給、そして実労働時間に及ぼす影響を考察する。

第1節では、実証分析の前に、オフショアリングを行っている企業の給与、労働時間、そしてオフショアリング額を確認する。次いで第2節では、オフショアリングが年間給与、年間時給、年間実労働時間に与える影響を、性別・学歴別4グループについて推計する。これによって、オフショアリングがスキル・プレミアムやジェンダー・ギャップに及ぼす影響も把握できる。最後に第3節では、四つの従業者グループ全てで年間時給は上昇するのに、女性従業者では年間給与が増加しない要因として、男性従業者は女性従業者ほど労働時間を減少させないこと、そして男性従業者は残業時間を増やすことを明らかにする。

1. オフショアリング企業の基本データ

従業者グループ別の給与・労働時間・時給

本書ではオフショアリングを、第1章4節で述べたように、日本国内でほとんど産出されない天然資源を多く用いる四産業（石油精製業・その他の石油製品製造業、タイヤ・チューブ製造業、粗鋼・鋼材・鉄鋼製品、そして非鉄金属製錬・精製）を除いた産業における、中東を除くアジアからの直接輸入額と定義する。このオフショアリングが給与や労働時間に及ぼす影響を分析する前に、本節では給与、労働時間、オフショアリングに関する数字を確認しておこう。

オフショアリングを行っている製造業企業の給与や労働時間は、厚生労働省『賃金構造基本統計調査』の1998年から2014年の調査票情報から得た。また、企業のオフショアリングはアジアからの直接輸入と定義して、経済産業省『企業活動基本調査』による1997年度から2013年度のデータを用いた。オフショアリングのデータの期間が給与や労働時間のデータの期間よりも1年前にずれているのは、本章の分析では、ある年度のオフショアリングが翌年の労働条件に影響を与えると想定しているからである(1)。

従業員の技能の区分は、前章と異なり、学歴のみを用いる。中学卒・高校卒を低技能労働者、大学卒（短大、高等専門学校、大学院を含む）を高技能労働者と定義する。本章で学歴のみを技能の区分に使う理由は、学歴は入社前にほぼ決まり、企業のオフショアリングから影響を受けないという意味で、技能を規定する外生的な要因になるからである。

高技能労働者の定義として、先行研究や前章のように、役職（係長、課長などの役職に就いているかどうか）や業務（事務的な仕事かどうか、あるいは複雑で非定型的な業務を担当しているかどうか）を使うこともある。ただ、多くの日本企業はオフショアリングに伴う業務量や社内組織の変化にあわせて社内異動を実施すると考えられる。すると、従業員の役職や業務も、オフショアリングから影響を受けてしまう。つまり、役職や業務が内生的な変数になる。この点は、次節の分析で用いる操作変数法でも対処できない問題である。そこで、本章では技能区分に役職や業務は用いない。もちろん、前章で分析した輸入競争の激化でも、会社がこれに対応するために社内異動を実施することはある。しかし、会社自身のオフショアリングに伴う異動と比べると、その規模は小さいであろう。

表4−1は、オフショアリングを行っている製造業企業の一般労働者を、性別×学歴で4グループに分け、各グループの給与や労働時間の分析期間中（1998年から2014年）の平均を求めたものである。前章と比べて、給与や労働時間の内訳が細分化されている。これは、次節の分析で示すように、オフショアリングによる各グループの超過実労働時間の特徴的な変化を検討するためである。

給与に関する項目の定義は前章と同じで、月間給与は所定内給与と超過労働給与の合計、年間給与は月間給与の12倍に年間賞与を足し合わせたものである。これらの金額は、GDPデフレーターで実質化している。給与については、月間給与、年間賞与、年間給与のいずれでも、男性・大学卒従業者が最も金額が高く、次いで男性・中学または高校卒、女性・大学卒、女性・中学または高校卒と続く。例えば年間給与では、高い順に、男性・大卒で631万円、男性・中高卒で568万円、女性・大卒で478万円、女性・中高卒で360万円となる。

労働時間に関する項目については、月間実労働日数や所定内実労働時間は、4グループ間にあまり相違はない。違いが比較的大きいのは超過労働に関するもので、超過実労働時間で男性従業者の方が女性従業者より長く、また超過労働を行った従業者の比率は男性・中高卒が77％と他のグループ（約60％）を上回っている。

最後に、時給については、年間時給は年間給与を月間実労働時間の12倍で割ることで、所定内労働時給は所定内給与を所定内実労働時間で割ることで、それぞれ求めた。この二つの時給は、やはり男性・大卒が最も高く、次いで男性・中高卒、女性・大卒、女性・中高卒の順になる。

表4-1　従業者グループ別の給与・労働時間・時給

	男性 中高卒	男性 大卒	女性 中高卒	女性 大卒
給与（円）				
月間給与（a＝b＋c）	369,849	411,588	234,678	307,190
所定内給与（b）	317,018	371,524	218,995	283,186
超過労働給与（c）	52,831	40,064	15,683	24,003
年間賞与（d）	1,236,992	1,369,535	788,253	1,088,932
年間給与（e＝a×12＋d）	5,675,178	6,308,594	3,604,388	4,775,208
労働時間				
月間実労働日数（f）	20.7	20.7	20.8	20.5
月間実労働時間（g＝h＋i）	178.6	177.1	169.6	170.0
所定内実労働時間（h）	159.3	160.6	160.7	158.8
超過実労働時間（i）	19.3	16.4	8.9	11.2
一日当たり実労働時間（＝g／f）	8.6	8.6	8.2	8.3
一日当たり所定内実労働時間（＝h／f）	7.7	7.8	7.7	7.7
一日当たり超過実労働時間（＝i／f）	0.9	0.8	0.4	0.5
超過労働を行った従業者の比率（%）	77.1	60.7	60.8	64.3
時給（円）				
年間時給（＝e／(g×12)）	2,648	2,969	1,771	2,340
所定内労働時給（＝b／h）	1,990	2,313	1,363	1,783
標本の大きさ	409,878	199,860	139,208	22,380

注：給与に関する数字は、対応する年のGDPデフレーターで実質化している。
出所：厚生労働省『賃金構造基本統計調査』平成10年調査から平成26年調査の調査票情報より筆者作成。

オフショアリング企業の輸入の推移

図4-1は、オフショアリングを行っている製造業企業を対象に、その指標の推移を図示したものである。図4-1Aは、一社当たりの直接輸入額と、一社当たりの中東を除くアジアからの直接輸入額についてである。一社当たりのオフショアリング額は、1997年度の30億円から2006年度の52億円まで、増減はありつつも傾向として上昇を続けた後、2009年度には世界金融危機のために39億円に急減し、翌年度は57億円への急増、2011年度は東日本大震災の影響で38億円に急減と激しく変動した。オフショアリング額と直接輸入総額との差は、分析期間を通じてほぼ20億円弱であり、輸入の変化のほとんどがオフショアリングの変化であった。

図4-1Bは、仕入額に占める直接輸入額とオフショアリング額の比率の推移である。これらの比率には分析期間を通じて増加傾向が表れており、オフショアリング額の比率は、1997年度の7%から2013年度には19%まで上昇した。日本の製造業が原材料や部品の仕入れでオフショアリングをますます活用していることがわかる。

ただし、これらの図は、オフショアリングを行っている製造業企業の平均の推移であり、全ての企業が同じように輸入を拡大させているわけではない。図4-1Cは、オフショアリングを行っている企業の中で、前年度と比べて直接輸入額やオフショアリング額を増やした企業の比率を図示している。これを見ると、どちらの比率でも、世界金融危機に見舞われた2008年度と2009年度を除き、前年度から増やした企業の比率は三分の二前後である。これを逆から見れば、各年度、約三分の一のオフショアリング企業は前年度から輸入を減らしたことを意味する。オフショアリングの増減は、企

図4-1　企業の輸入の推移

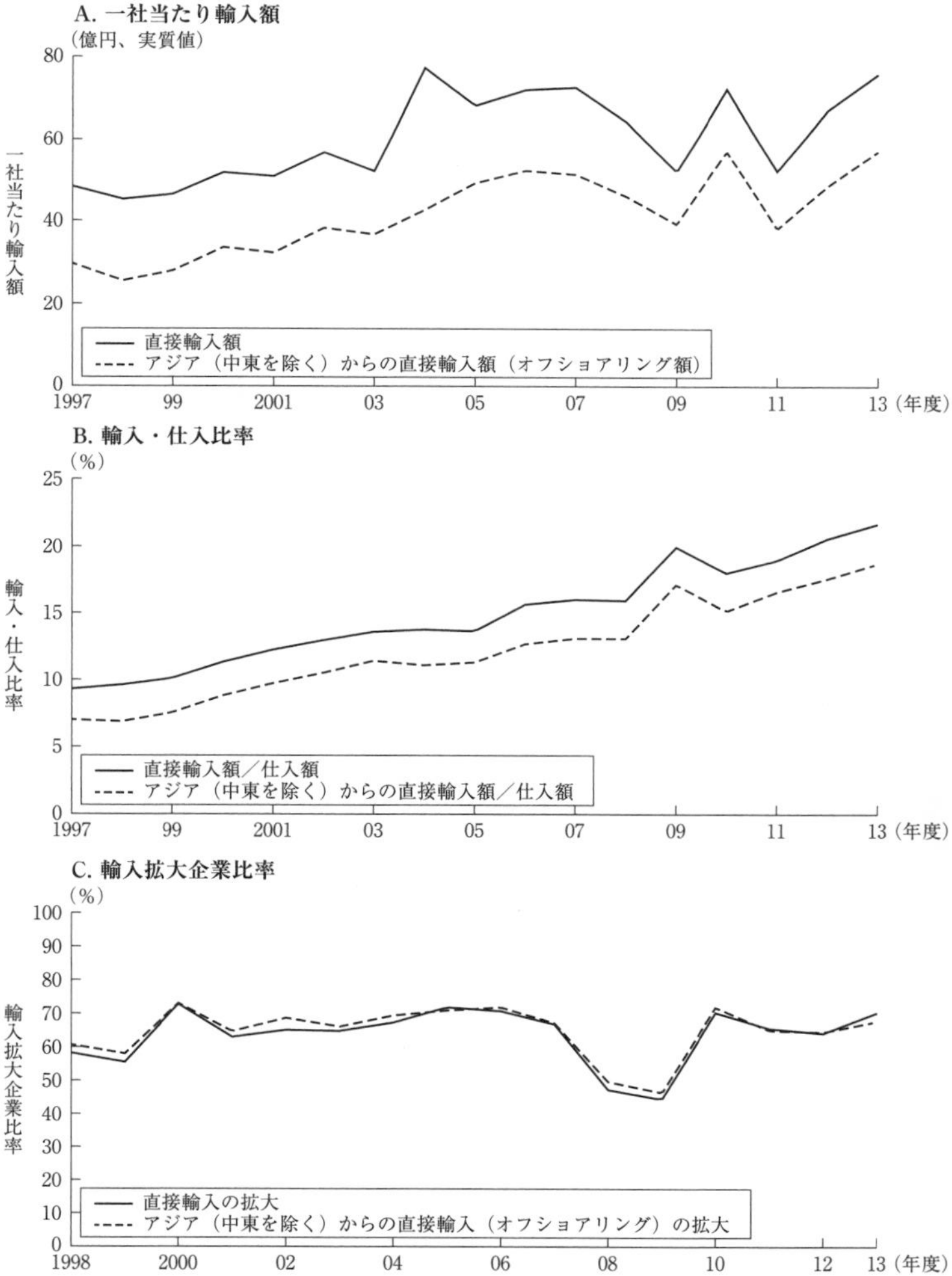

出所：経済産業省『企業活動基本調査』平成10年調査（平成9年度対象）から平成26年調査（平成25年度対象）の調査票情報より筆者作成。

業ごとに、そして年ごとに、大きなばらつきがある。(2)

2. オフショアリングの影響の調整

インパクトを労働時間で調整する

企業のオフショアリングによって生じる労働需要の変化が、その企業内の労働市場においてどう調整されるかを検討する際に、時給だけでなく実労働時間にも注目することで、労働調整を価格調整と数量調整に分けることができる。そこで、前章と同様、ここでも年間給与、時給、実労働時間を分析対象として考える。

日本の企業は、他国の企業と比べて、労働需給の調整における実労働時間の役割が大きいと思われる。その第一の理由は、日本の企業では従業者の入職・離職が少なく、企業の労働需要の調整のうち従業員数の増減で行う部分が、外国企業と比較して少ないことである。第二の理由として、日本の従業者は比較的、有給休暇取得率が低く、また残業に対する抵抗感が少ないので、これらによって可能になる労働時間の調整幅が大きいこともある。

日本の企業は従業者の入れ替わりが少ないため、その企業内の労働市場は企業外の労働市場からある程度独立している。そのため、企業に雇用され、企業内労働市場にすでに参加している従業者の労働時間の調整も、様々なショックによって変動した労働需給を再び一致させるのに重要な役割を担っている。日本の従業者レベルのデータを用いて労働時間の調整を研究した成果はいくつかあるが、オ

フショアリングが労働時間に及ぼす影響を分析したのは、筆者が知る限り、世界でも本研究が最初である。(3)

なお、結果の解釈にあたっては、従業員は残業や有給休暇取得などで実労働時間をある程度主体的に調整できる点に留意する必要がある。例えば同じ月給と所定労働時間を受け入れた二人の労働者が、自身の労働供給（実労働時間）を調整し、片方は供給を減らし、もう片方は供給を増やしたため、時給で見ると両者の差が拡大することはある。

オフショアリングの年間給与への影響

表4-2は、オフショアリングをすでに行っている企業の従業者について、オフショアリングの年間給与、年間時給、年間実労働時間への影響を、性別・学歴別4グループについて推計した結果がまとめられている。(4)推計には操作変数法を用い、オフショアリングの操作変数として第1章補論で紹介した、同業他社のアジア子会社・関連会社が日本以外の地域に輸出した金額を用いる。説明変数としては、他に企業ダミーや従業者の年齢など、企業や従業者の異質性をコントロールする多くの変数を用いている。(5)

表中の数字は、オフショアリングが1％増加した時に各従業員グループの被説明変数が何％変化するか（弾力性）の推定値である。太字の推定値は、5％水準で有意であることを示す。なお、オフショアリングの1％の変化は、実際の変化と比べると、その規模は非常に小さい。図4-1Aより、1997年度は一社当たりのオフショアリング平均額が30億円なので、この年度で評価すれば、1％

表4-2　年間給与・時給・実労働時間への影響

被説明変数（対数値）	年間給与 (1)	年間時給 (2)	年間実労働時間 (3)
オフショアリング（対数値）(a) （男性・中高卒従業者）	**0.0398**	**0.0577**	−0.0179
＋大卒従業者（b） （スキル・プレミアム）	−0.0013	−0.0091	**0.0078**
＋女性従業者（c） （ジェンダー・ギャップ）	**−0.0195**	−0.0058	**−0.0137**
男性・大卒（a＋b）	**0.0384**	**0.0485**	−0.0101
女性・中高卒（a＋c）	0.0203	**0.0519**	**−0.0316**
女性・大卒（a＋b＋c）	0.0190	**0.0428**	**−0.0238**

注：説明変数のリストは、Endoh（2021a）を参照。標本の大きさは771,326。太字の推定値は、5%水準で有意であることを示す。

出所：厚生労働省『賃金構造基本統計調査』平成10年調査から平成26年調査の調査票情報、経済産業省『企業活動基本調査』・『海外事業活動基本調査』平成10年調査（平成9年度対象）から平成26年調査（平成25年度対象）の調査票情報、その他の公開情報より筆者作成。

の増加は３０００万円の増加に相当する。実際には、１９９７年度から１９９８年度にかけて、オフショアリング平均額は14％減少した（29・9億円から25・8億円に）。また、図中の期間、前年度と比べて10％以上オフショアリング平均額が増減した年度は、全体の三分の二以上を占める。

　性別・学歴別の４グループへの影響を、年間給与（結果１）を例に説明しよう。基本グループは男性・中高卒従業者で、表中の（a）行より、オフショアリングが１％増加すると、男性・中高卒の年間給与は０・０３９８％増加する。これは例えば、オフショアリングの金額が30億円の企業に勤めている、年間給与が５６８万円（表4-1の値を使用）の男性・中高卒従業者は、オフショアリングが前年より3億円（10％）増加すると、それによって年間給与が前年より２・３万円（年間給与の０・３９８％に相当）増加することを意味する。この影響は有意にゼロと異なっている。

他のグループへの影響の推定値は、第3章と同様に、属性ごとの追加効果として求める。表中の（b）行は、従業者が大卒の場合のオフショアリングの追加的な効果、すなわちスキル・プレミアムへの影響を示す。ここではマイナス0・0013％である。この値は比較的小さい。前述の、オフショアリングの金額が30億円から33億円に10％増加した企業の設定を用いると、年間給与が631万円（表4-1の値を使用）の男性・大卒従業者の年間給与は前年と比べて、基本グループと同じ率（0・398％）の2・5万円だけ増加することに加え、大卒効果（マイナス0・013％）の0・1万円だけ追加で減少する。ただ、大卒従業者への追加の効果は有意ではないので、年間給与についてはオフショアリングが技能間の格差を拡大あるいは縮小させるとは言えない。

また、（c）行は従業者が女性の場合の追加的な効果で、ジェンダー・ギャップへの影響を示す。推定値はマイナス0・0195％であり、5％水準で有意である。つまり、オフショアリングが年間給与を引き上げる効果は、女性の方が小さくなる。前述の設定を引き続き用いると、例えば年間給与が360万円（表4-1の値を使用）の女性・中高卒従業者の年間給与は前年と比べて、基本グループと同じ率（0・398％）の1・4万円だけ増加するが、女性効果（マイナス0・195％）の0・7万円だけ追加で減少する。女性の平均年間給与は男性よりも低いので、女性従業者へのマイナスの追加効果は、オフショアリングの進展が年間給与のジェンダー・ギャップを拡大させることを意味する。

以上で説明した3種類の推定値を組み合わせることで、年間給与の弾力性の推定値は、男性・大卒で0・0384（a+b）、女性・中高卒で0・0203（a+c）、女性・大卒で0・0190

（a＋b＋c）となる。男性・中高卒と男性・大卒の推定値は5％水準で有意である。これらの推定値を用いると、オフショアリングが1％増加すると、男性の年間給与は中高卒でも大卒でも約0・04％増加する。これに対し、女性・中高卒と女性・大卒では、推定値は有意ではない。

男女間で異なる労働時間調整

なぜオフショアリングは女性従業者の年間給与を引き上げないのだろうか。これを検討するため、年間給与を年間時給と年間実労働時間に分けて、それぞれを分析した。年間給与は年間時給と年間実労働時間を掛け合わせたものなので、対数値では、年間給与は年間時給と年間実労働時間の和になる。このことから、オフショアリングに対する年間給与の弾力性は、年間時給の弾力性と年間実労働時間の弾力性の和で表現できる。例えば、表中の男性・中高卒の結果を使えば、オフショアリングが1％増加することで年間給与は0・0398％上昇するが、これは年間時給が0・0577％上昇し、年間実労働時間が0・0179％減少した効果を足したものになる。

年間時給（結果2）の弾力性の推定値は、二つの追加効果については有意ではない。年間時給では、オフショアリングは技能間格差も男女間格差も拡大させないのである。また、各従業者グループの推定値については、4グループ全てで有意で、プラスである。つまり、オフショアリングの増加によって、全ての従業者グループの年間時給は上昇する。(6)

他方、年間実労働時間（結果3）では、追加効果の係数の推定値は、大卒従業者については有意でプラス、女性従業者については有意でマイナスとなった。各従業者グループの推定値については、女性従業者について有意で、推定値はマイナスである。オフショアリングの増加によって、女性の実労働時間は減少するのである。

表4-2の結果は、次のようにまとめられる。オフショアリングの進展によって、全ての従業者グループの年間時給は上昇し、年間時給の技能間格差も男女間格差も拡大しない。しかし、年間実労働時間の反応は男女で異なり、男性は労働時間をあまり引き下げないのに対し、女性は有意に労働時間を減らす。そのため、労働時間と時給の効果をあわせた年間給与は、男性従業員では増加するのに対し、女性従業員では有意な変化はなく、男女間格差が拡大する。

この結果は、低技能労働者の賃金が低下しない点と、スキル・プレミアムが拡大しない点で、外国の企業を事例とした先行研究と大きく異なる。(7) 日本企業でこのような結果になるのは、労働条件の変更が職種や年齢にかかわらず全従業員にほぼ同じように及ぶことや、企業内のある業務の増加や減少に従業員の採用や解雇よりも社内異動で対応することが原因であろう。オフショアリングが全社的な時給の上昇につながるのは、生産性の改善によるものと思われる。(8)

年間給与についてジェンダー・ギャップが拡大すること、そして拡大する要因は女性の労働時間の減少であることも、本研究の新たな発見である。この背景については、次のような予想が考えられる。オフショアリングによって社内の業務が軽減されたり、休日が増えたりして、従業者が労働時間を短くできるようになった。そこで、多くの従業者は、有給休暇を積極的にとったり、新たに設定された休日を楽しんだりすることで、給与額を減らすことなく所定内実労働時間を減らした。しかし、オフショアリングによって基本給も上昇したので、一部の従業者は労働供給を増やしてさらに給与を増やしたいと考え、残業時間を増やした。女性は家事との兼ね合いで残業をすることが難しく、残業時間を増やしたのは男性が多かった。この予想が正しいかどうか、次の第3節で検討しよう。

3. 男性従業者の残業時間調整

所定内給与・時給・実労働時間への影響

先ほどの仮説を検証するには、労働時間を所定内労働時間と超過労働時間に分けて分析する必要がある。そこで、所定内実労働時間とそこから得られる時給や給与について、表4-2と同様の分析を行った結果が表4-3にまとめられている。なお、表4-2での年間実労働時間は、表4-3では実労働日数と一日当たり所定内実労働時間に分けている。そのため、所定内給与の弾力性の推定値（結果1）は、所定内時給、実労働日数、一日当たり所定内実労働日数の弾力性の推定値（結果2から結果4）の和に等しい。

所定内給与の推定値（結果1）については、男性・大卒以外の3グループで有意であり、かつ4グループ全てでプラスである。また、スキル・プレミアムを示す追加効果も、ジェンダー・ギャップを示す追加効果も、有意ではない。ここから、従業者の技能や性別にかかわらず、オフショアリングによって基本給はほぼ全社的に上昇したことがわかる。

また、所定内時給の弾力性（結果2）は、4グループ全てで所定内給与の弾力性よりも大きく、全て有意である。つまり、オフショアリングの増加は、所定労働時間における給与よりも時給をより引

表4-3　所定内給与・時給・実労働時間への影響

被説明変数（対数値）	所定内給与 (1)	所定内時給 (2)	実労働日数 (3)	一日当たり所定内実労働時間 (4)
オフショアリング（対数値）(a)（男性・中高卒）	**0.0169**	**0.0542**	**−0.0299**	−0.0074
＋大卒従業者（b）（スキル・プレミアム）	−0.0002	−0.0048	0.0002	**0.0044**
＋女性従業者（c）（ジェンダー・ギャップ）	0.0061	0.0020	0.0017	**0.0024**
男性・大卒（a＋b）	0.0166	**0.0494**	**−0.0297**	−0.0030
女性・中高卒（a＋c）	**0.0230**	**0.0562**	**−0.0282**	−0.0050
女性・大卒（a＋b＋c）	**0.0227**	**0.0514**	**−0.0280**	−0.0006

注：表4-2を参照。
出所：表4-2と同じ資料より筆者作成。

き上げたのである。これは、全グループが所定内実労働時間を減らしたためである。

この労働時間の減少を日数の減少と一日当たりの労働時間の減少に分けると、実労働日数の影響が大きく（結果3）、4グループ全てで実労働日数が同じ程度減少している。前述の仮説のように、オフショアリングの進展によって社内の雰囲気が有給休暇をとりやすいものになったり、会社の休日が増えたりしたことが推察される。なお、一日当たりの所定内実労働時間（結果4）については、大卒や女性はあまり減らさないことが追加効果からわかる。しかし、4グループの推定値は絶対値で小さく、また有意ではない。一日当たり所定内実労働時間は、どのグループでもほとんど変化しないのである。

残業を増やす男性従業者

表4-2と表4-3の結果から、オフショアリングによる給与や労働時間の変化もわかる。具体的な例

表4-4　オフショアリングが10%増加した時の月間実労働時間と年間給与の変化

	男性 中高卒	男性 大卒	女性 中高卒	女性 大卒
月間実労働時間の変化（分）	−19.2	−10.7	−32.2	−24.3
所定内実労働時間の変化（分）	−35.7	−31.5	−32.1	−27.3
超過実労働時間の変化（分）	16.5	20.8	−0.1	3.0
年間給与の変化（円）	22,587	24,225	7,317	9,073
月間所定内給与の変化（円）	536	617	504	643

出所：表4-1から表4-3の結果から筆者作成。

としてオフショアリングが10％増加した場合を考え、それによって変化する年間給与と月間実労働時間を推計した結果が表4-4にまとめられている[9]。なお、オフショアリングの10％増加を例に用いたのは、図4-1のパネルAに示された一社当たりのオフショアリング平均額が、三分の二以上の年度で前年度から10％以上の増減を経験することによる。その中には、2009年度から2010年度の46％の増加（39・3億円から57・2億円）、2010年度から2011年度の33％の減少（57・2億円から38・2億円）という非常に大きな変化も含まれる。

この表で注目すべき結果は、男性従業者が所定内実労働時間の減少分の半分（中高卒）あるいは三分の二（大卒）に相当する時間、超過実労働時間を増やしていることである。所定内実労働時間は、主に実労働日数の減少によって、四つの従業員グループ全てで月間で30分前後減少している。ここで、女性従業員は残業時間をほとんど変化させず、実労働時間も同程度減少する。しかし、男性従業員は残業時間を17分（中高卒）あるいは21分（大卒）増加させるため、実労働時間は女性ほど減少しない。そして、男性従業員はこの残業に伴う手当てが加わるため、表4-2で見たように年間給与が有意に増加するのである。この10％のオフショアリングの増加によって、男性従業員の年間給与は2万円以上増加する。これに対し、女性従業員の年間給与の増加額は1万円以下である。

男性労働者が残業時間を増やす理由として、働く日数が減っても仕事量はそれほど減らず、そのため出勤日に残業を行わなければ仕事が終わらないことを挙げる読者もいるかもしれない。日本企業のオフショアリングによって、社内の労働需要は男性労働よりも女性労働で比較的多く減少するのに対し、勤務日数は男性も女性も同じように会社によって減らされるのであれば、この理由もありうる。

しかし、従業者は労働時間をある程度自律的に調節できることや、日本社会で家事・育児の分担が女性に偏っている現状を考えると、より強い要因は、男性労働者が時給の上昇に対して残業の増加という形で労働供給を増やしたことにあると、筆者には思われる。これに対して、女性労働者は家事・育児を担うため、終業時間を過ぎた時間に働くことは難しく、そのため時給が上昇しても残業時間を増やせなかった。このように、労働時間の変化の男女差は、経済学で想定する通常の労働供給関数から説明できる。

なお、本章の推計結果は比較的短期の効果であることを、最後に読者に注意しておきたい。前述のように、本章では、ある年度のオフショアリングが翌年の労働時間や給与に影響を与えるという想定で分析を行っている。そのため、例えばある企業で5年間でオフショアリングが倍になった（100％増加した）としても、その企業の従業者の労働時間や給与が表4-4の数字の10倍だけ変化するというわけではない。外国と比べて離職者が少なく、従業者の平均勤続年数が長い日本企業であっても、数年経てばオフショアリングに伴う従業者数の増減は起こり、労働時間や給与の変化は軽減されるのである。

第4章のまとめ

・従業員を性別×学歴で4グループに分けて、オフショアリングの給与と労働時間への影響を見た。
・オフショアリングによって、全従業者グループで年間時給は増加し、実労働日数は減少した。
・年間時給でスキル・プレミアムが拡大しない点は、外国企業と異なる日本企業の特徴である。
・男性従業者は労働日数減少による所定内実労働時間の減少の一部を、残業時間の増加で相殺した。
・男性従業員は残業を増やすことで年間給与も増やしたが、女性従業員は残業を増やさなかった。
・男女間での残業時間の調整の違いから、年間給与のジェンダー・ギャップは拡大した。

【第4章　注】

(1)『賃金構造基本統計調査』と『企業活動基本調査』の接続方法や、観測値のクリーニング方法については、Endoh (2021b) を参照。
(2) オフショアリングの増減に十分なばらつきがあることは、次の節の実証分析でバイアスの少ない推定値を得るには良い条件である。
(3) 日本における労働時間の調整については、例えば山本・黒田（2014）の研究成果がある。
(4) 本節で用いる労働時間は全て年間の値であり、月間の値を12倍することで得た。ただ、分析では対数値を用いるので、月間の値をそのまま用いても同じ結果になる。
(5) 説明変数のリストは、Endoh (2021b) を参照。操作変数の強さを判定する指標の一つであるクレイベルヘン＝パープのF値は10・7と、一般に望ましいとされる10を上回った。

（6）オフショアリングの時給へのインパクトの大きさは、本研究でも先行研究でも、オフショアリングの10％の変化が時給に与える影響は1％未満である点で類似している。例えば、オフショアリングが10％増加すると、本研究では表4-2より、影響を最も強く受ける男性・中高卒の時給が0・58％（表中の推定値を10倍したもの）上昇する。また、デンマークの企業データを用いたHummels et al.（2014）では、低技能労働者の時給は0・22％低下し、高技能労働者の賃金は0・29％上昇し、スキル・プレミアムは0・51％拡大する。また、アメリカの労働者のデータを用いたEbenstein et al.（2014）によれば、高ルーティン度業務の労働者の時給は、低所得国へのオフショアリングによって0・70％下落し、高所得国へのオフショアリングによって0・50％上昇する。いずれも、時給の変化は1％未満である。

（7）外国の企業を事例にしたスキル・プレミアムの変化の先行研究については、「ウェブ補論」第4章1節を参照。

（8）「ウェブ補論」第1章7節の補論表1-3のパネルBの結果でも、オフショアリングは全要素生産性を上昇させることが示されている。ただ、このパネルでは、オフショアリングが一人当たり賃金に及ぼす影響は有意ではない。これは、女性の年間給与は有意には上昇せず、そのため会社平均では賃金への影響が弱まり、オフショアリングの効果を計測できなかったためであろう。

（9）表4-4の数字の求め方を、男性・中高卒の労働時間を例に説明しよう。月間実労働時間は、表4-1より178・6時間である。また、オフショアリングが1％増えると、表4-2の結果（3）の（a）行より0・0179％減少する。これより、オフショアリングが10％増えた時に減少する月間実労働時間は、178.6×0.00179×60=19.2（分）であることがわかる。また、所定内実労働時間は、表4-1より159・3時間である。また、オフショアリングが1％増えると、表4-3の結果（3）と（4）の（a）行より0.0299％+0.0074％=0.0373％減少する。これより、オフショアリングが10％増えた時に減少する所定内実労働時間は、159.3×0.00373×60=35.7（分）と求まる。月間実労働時間の変化と所定内実労働時間の変化の差は、超過実労働時間の変化である。男性・中高卒の場合、彼らは超過実労働時間を16・5分増やす。

第5章

国内取引を通じた間接効果はあるか

前章では、ある企業がオフショアリングを拡大させると、それがその企業の従業員の年間給与、時給、労働時間にどのような影響を及ぼすかを分析した。その結果によると、男性でも女性でも、大卒でも高卒でも、年間時給は上昇し、所定内労働時間は減少した。加えて、男性は残業時間を増やすため、年間給与も増加した。

しかし、オフショアリングがそれを行った企業の従業員に望ましい影響を及ぼすとしても、もしそれが国内の既存の取引相手先からの購入を代替するものであれば、その国内取引相手先企業はオフショアリング企業への販売が減少するという悪影響を受けるかもしれない。外国と取引をする企業は国内でも多くの企業と取引関係を構築しているので、オフショアリングの国内経済への影響の全体像を見るには、このような国内取引を通じた間接効果も視野に入れる必要がある。

また、オフショアリングという輸入側だけでなく、輸出側でも同様に国内取引相手への影響を考察できる。外国への輸出を増やした企業は、売り上げの増加だけでなく、生産性の上昇なども得られるであろう。そしてその望ましい効果は、輸出をした企業だけでなく、その輸出企業に販売する国内取引先にも及ぶかもしれない。この輸出の結果を輸入の結果と比べることで、輸入ショックの間接効果の背景をより適切に検討できる。

本章では、ある企業による輸出や輸入が、その企業に販売している国内企業の存続率、従業者数、賃金に間接的に影響を及ぼすか否かを明らかにする。ただ、国内の企業との企業間取引関係には多種多様なものが含まれているので、第1節ではその中から分析に適した企業を選ぶ基準を説明する。続いて第2節では、選ばれた企業を用いた差の差推定によって、直接貿易の国内販売企業への影響を推計する。

1．分析する企業をどう選ぶか

直接貿易企業と国内企業

外国と直接の取引がない企業（本章では国内企業と呼ぶ）と、外国と直接輸出入を行う企業（直接貿易企業、直接輸出企業、あるいは直接輸入企業と呼ぶ）との取引関係は、直接貿易企業の外国との取引との関係から、図5-1のように4種類に分類できる。図中ではこれらを、（Ⅰ）間接輸出、（Ⅱ）輸入との競合、（Ⅲ）輸出との競合、（Ⅳ）間接輸入と表現している。

まず、国内企業が直接輸出企業に販売する場合、国内企業から販売された商品やサービスは、その一部が直接輸出企業を通じて間接的に外国に輸出される。これをここでは間接輸出と呼ぶ（Ⅰ）。この事例に該当するものとして、国内の自動車部品メーカーが部品を自動車メーカーに納入し、自動車メーカーはその部品を組み込んだ乗用車を生産し、外国に輸出することがある。また、外国取引の経験のない企業の商品を直接輸出企業が仲介して輸出することも、この事例に含まれる。

次に、国内企業が直接輸入企業に販売する場合、直接輸入企業は外国企業と国内企業を共に仕入元としているので、国内企業の販売は輸入と競合していると考えられる（Ⅱ）。この例として、コンピュータを生産する国内企業が、電源ユニットや記憶装置などの部品を外国企業と国内企業の双方から調達することがある。

また、国内企業が直接輸出企業から仕入れを行う場合、直接輸出企業は国内取引先だけでなく外国にも供給しているので、この仕入れは輸出と競合していると見ることもできる（Ⅲ）。例えば、国内の主要なベアリングメーカーは製品を国内企業にも外国企業にも供給しているので、国内仕入企業にとってはベアリングの仕入れが外国企業への輸出と競合すると言える。

最後に、国内企業が直接輸入企業から仕入れを行う場合、直接輸入企業が輸入した商品やサービスの一部が国内企業に届けられるので、これを間接輸入と呼ぶ（Ⅳ）。国内製造業企業が生産に必要な原材料の輸入業務を商社に委託する事例や、直接輸入企業が輸入した原材料を使って生産した中間財を、国内企業が部品として購入して最終財を生産する事例がこれに該当する。

日本だけでなく外国でも、直接貿易企業は規模の大きな企業に偏っているため、企業数で言えば直接貿易企業よりも、直接貿易企業と取引のある国内企業の方が圧倒的に多い(1)。このような、数の面で多数を占める国内企業への、国際貿易の国内取引を通じた波及効果を把握することは、輸入ショックの全体像を理解する上で必要不可欠である。

図5-1　国際貿易と国内取引の関連

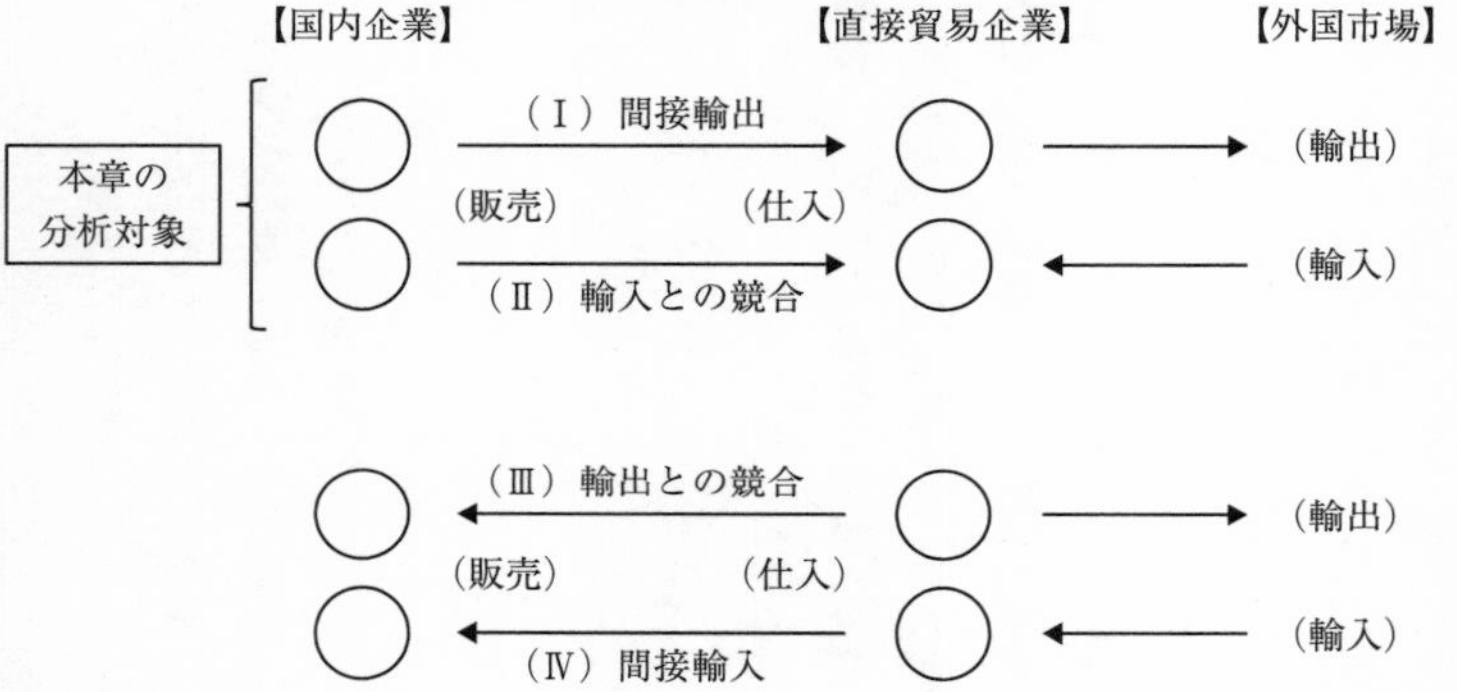

出所：筆者作成

分析対象の選定基準

本章では、図5-1で示した国際貿易と国内取引の四つの類型のうち、間接輸出（Ⅰ）と輸入との競合（Ⅱ）を分析の対象とする。その理由は、両者では国際貿易が国内企業の販売に影響するからである。企業にとって販売額（ⅠとⅡ）は仕入額（ⅢとⅣ）より多く、販売額の増減は仕入額の増減よりも企業業績に強く影響を及ぼすと思われるので、国際貿易の間接効果はより観察しやすいであろう。

この研究をする上で注意を払わなければならないことに、分析に適した販売企業―仕入企業の関係を選定することがある。例えば、直接輸出企業の輸出増加によって国内企業が受ける影響を分析する際には、他の経済活動の国際化の影響を受けないために、分析対象となる直接輸出企業は、直接輸入、外国への事業展開、あるいは外国からの資本の受け入れをしていないことが望ましい。また、分析対象となる国内企業は、販売先がこの直接輸出企業か、外国と資本関係を有していない国内企業だけであることが条件になる。もしそうでなく、販売先に直接輸入企業や外国企業の

図5-2　分析対象企業の選定

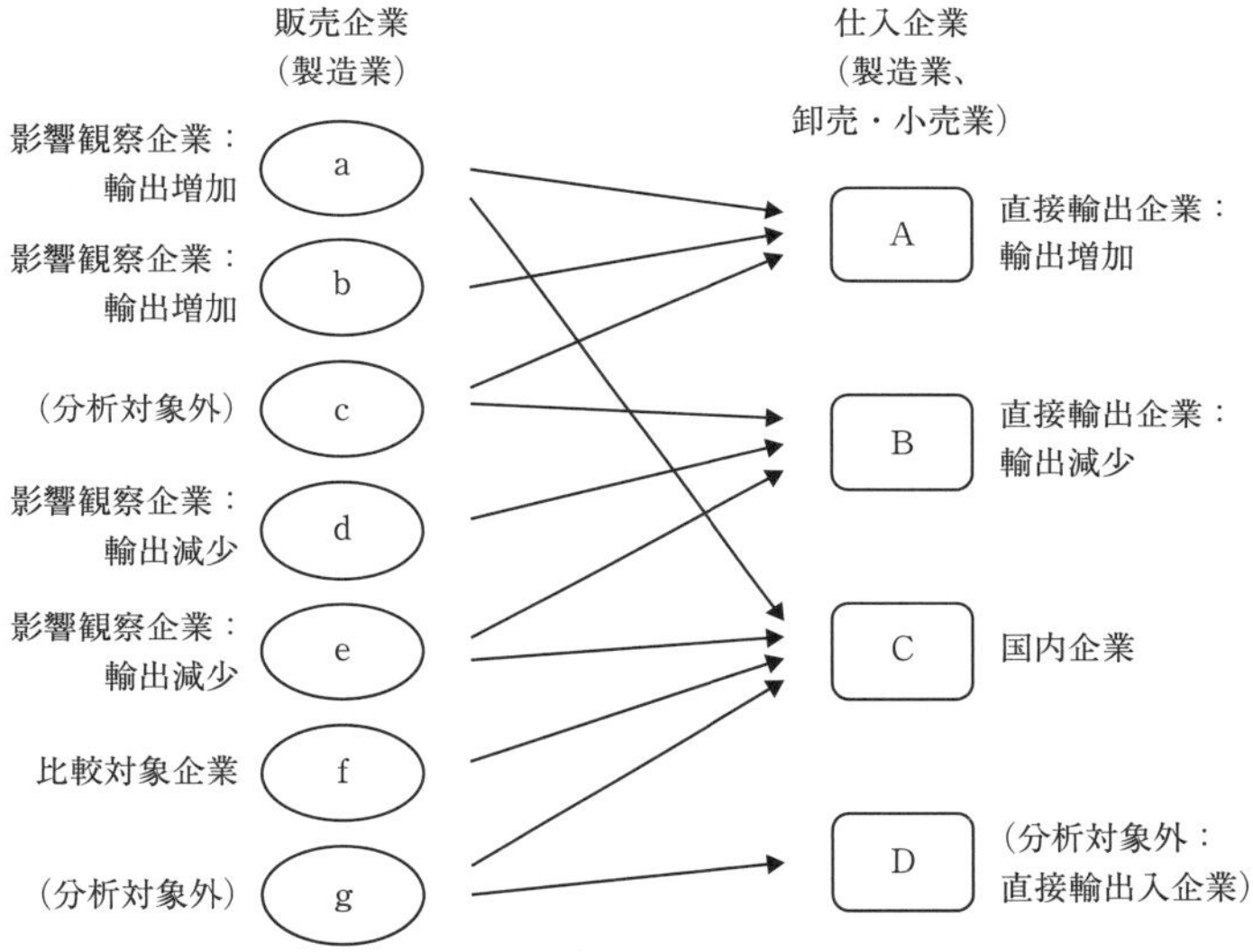

出所：筆者作成

子会社も含まれていると、輸入や対内直接投資の影響も受けてしまうからである。本研究では先行研究と比べて、分析対象企業の選定でより厳しい基準を用いる。

図5–2を使って、分析対象となる販売—仕入関係の選定方法を、間接輸出（Ⅰ）の場合で説明しよう。なお、輸入との競合（Ⅱ）の場合も同様で、以下の説明で「輸出」と「輸入」を入れ替えれば良い。

まず、仕入企業の選定にあたって、直接輸出以外の対外経済活動（直接輸入、外国での事業展開、外国からの資本の受け入れ）を行っている企業は分析対象から外す。（図中の企業Dは、直接輸出と直接輸入を共に行っているため、分析対象外になると設定している。）その上で、直接輸出が増加している企業（企業A）、直接輸出が減少している企業（企業B）、直接輸出を行っていない国内企業（企業C）に分類する。

販売企業については、その顧客企業（図中の仕入企業）の分類から、分析対象企業になるかどうかが決まる。例えば、企業aの顧客企業は輸出が増加した直接貿易企業（企業A）と国内企業（企業C）である。この場合、企業aを輸出増加の間接的な影響を観察できる分析対象企業として、影響観察企業と呼ぶ。企業bも、直接輸出増加企業（企業A）のみに販売しているので、輸出増加の影響観察企業になる。また、企業dの顧客企業は直接輸出が減少した企業（企業B）のみ、企業eの顧客企業は直接輸出減少企業（企業B）と国内企業（企業C）なので、どちらも輸出減少の影響観察企業になる。

直接輸出の増減から販売企業が受ける間接的な影響の大きさは、影響観察企業の企業業績を比較対象企業と比べることで測定する。比較対象企業には、国内企業にだけ販売し、仕入企業の国際化要因から影響を受けていない企業を選ぶ。図中の企業fは国内企業（企業C）だけに販売しているので、比較対象企業になる[2]。

図中の企業cと企業gは、影響観察企業にも比較対象企業にもならない。企業cは直接輸出増加企業（企業A）と直接輸出減少企業（企業B）の両方に販売しているので、両方の影響を受ける。すると、企業cの業績には直接輸出の増加と減少の効果が両方とも含まれ、両者を識別することができない。また、企業gは国内企業（企業C）だけでなく、直接輸出以外の対外経済活動を行っている企業（企業D）にも販売している。すると、企業gは仕入企業における他の国際経済活動の影響も受けることになるので、比較対象に利用できない。

直接貿易が国内取引関係を通じて間接的に及ぼす影響をより正確に見るために、販売企業と仕入企業の産業も限定する。

販売企業については、製造業とする。販売企業が非製造業の場合、その企業が販売する製品の多くは他社から仕入れたものであると考えられる。他社から仕入れた製品と自社で製造した製品で販売額が同額だけ変化すると、それが販売企業の業績に及ぼす影響は、仕入れた製品の方が小さいと想定される。また、非製造業企業が販売するものがサービスであれば、それと直接貿易との代替・補完関係は弱いと思われる。(3)

また、仕入企業は製造業あるいは卸売・小売業であるとする。これら以外の産業は、直接貿易企業の数が多くなく、かつ、産業の特性が多様なためそのコントロールが分析上難しいため、分析に用いない。なお、仕入企業が製造業の場合と卸売・小売業の場合では、国内取引と国際取引の関係の強さが異なると予想されるため、以下の分析では別々に扱う。

対象企業のデータ

本研究では、販売企業―仕入企業データとして、株式会社東京商工リサーチの２０１４年の『企業相関ファイル』を使用する。このデータには、販売企業が主要な販売先を回答した約２７０万件のサンプル、仕入企業が主要な仕入先を回答した約２４０万件のサンプル、株式所有関係の約20万件のサンプルがある。このうち、ここでは販売企業が主要販売先を回答した約２７０万件のサンプルを使う。

仕入企業による回答を利用しない理由は、仕入企業の直接貿易の変化が販売企業の業績に影響を及ぼすルートは、販売企業の仕入企業への販売額の変化であると本研究では想定しており、その影響は販売企業が主要な顧客と認識している仕入企業からでより強くなると思われるからである。[4] また、株式所有関係についても、資本関係のある販売・仕入企業では事業が調整されており、間接貿易効果が表れにくいと思われるため、利用しない。

企業の直接輸出金額、直接輸入金額、資本金に占める外国資本の比率（外国からの資本受け入れの指標）、海外支社・支店・駐在所等の数（海外事業展開の指標）は、経済産業省『企業活動基本調査』を用いる。直接貿易企業の輸出入額の増減は、この調査の2011年度と2015年度の輸出入額から判断する。『企業活動基本調査』の調査対象になっていない販売企業・仕入企業は、外国と貿易・資本取引がないと扱う。第1章で見たように、直接貿易をする会社は規模の大きな会社に偏っていることから、このように扱っても分析上大きな支障はないと思われる。

直接貿易の間接的な影響を見る販売企業の業績の指標としては、本書の問題意識から、企業存続、従業者数、従業者一人当たり賃金の三つを考える。これらを、貿易の影響を受ける前後の2時点間で比較し、第1章補論で紹介した差の差推定を用いる。企業存続は、2012年2月から2016年6月の間に企業が存続しているかどうかを表す。従業者数と従業者一人当たり賃金は、存続企業について、2011年から2015年までの人数・金額の変化分を、2011年の人数・金額で割って変化率にしたものである。三つの指標は、総務省統計局・経済産業省『経済センサス―活動調査』平成24年調査と平成28年調査の調査票情報から計算した。

なお、影響観察企業と比較対象企業には企業特性で差があり、それが企業業績の違いも生み出すことが予想される。例えば、影響観察企業は比較対象企業よりも、顧客企業数が多い傾向がある。すると、影響観察企業では一つの顧客企業との取引が止まった時の経営への影響がより小さくなり、それが企業存続の可能性を高める。そこで、差の差推定を行う際に、似た企業特性を持つ影響観察企業と比較対象企業をペアにする。そして、企業特性を揃えた上で両者の企業業績の違いを見ることで、貿易の間接的な影響を捉える。(5)

2. 直接貿易の間接効果

分析方法

表5‒1は、仕入企業による直接貿易の増減が販売企業の存続に及ぼす影響を推計した結果である。仕入企業の直接貿易は輸出と輸入の2種類、直接貿易の変化は増加と減少の2種類、仕入企業の業種は製造業と卸売・小売業の2種類があるので、8種類の組み合わせに分けて影響を計算している。間接輸出（図5‒1のⅠ）は直接貿易企業の輸出（ケースⅠ‒1からケースⅠ‒4）、輸入との競合（図5‒1のⅡ）は直接貿易企業の輸入（ケースⅡ‒1からケースⅡ‒4）に対応している。

表中の「存続率の差」は、影響観察企業と比較対象企業での存続率の違いである。存続率は、2012年2月から2016年6月の間に企業が存続しているかどうかを表すもので、この2時点間の企業存続状態の差である。そして、この存続率を、影響観察企業と比較対象企業の間で比較する。

前述のように、影響観察企業と比較対象企業には企業特性で差があるので、存続率を比較する前に企業特性を揃えるのが望ましい。ここでは、影響観察企業と比較対象企業の企業特性から、ある企業

表5–1　直接貿易の増減が国内販売企業の存続に及ぼす影響

ケース	直接貿易企業の分類 輸出／輸入	増加／減少	製造業／卸売・小売業	存続率の差 1対1マッチング	半径マッチング	影響観察企業数	比較対象企業数
Ⅰ－1	輸出	増加	製造	**0.048**	**0.040**	481	26,426
Ⅰ－2	輸出	増加	卸売・小売	－0.034	－0.033	179	20,125
Ⅰ－3	輸出	減少	製造	0.015	0.025	438	25,814
Ⅰ－4	輸出	減少	卸売・小売	0	**0.102**	26	18,011
Ⅱ－1	輸入	増加	製造	**0.055**	**0.037**	511	26,382
Ⅱ－2	輸入	増加	卸売・小売	－0.009	－0.012	348	25,045
Ⅱ－3	輸入	減少	製造	0.015	0.035	265	26,157
Ⅱ－4	輸入	減少	卸売・小売	0.007	－0.023	140	24,637

注：太字の推定値は、5%水準で有意であることを示す。
出所：総務省統計局・経済産業省『経済センサス—活動調査』平成24年調査および平成28年調査の調査票情報、経済産業省『企業活動基本調査』平成24年調査から平成28年調査の調査票情報、株式会社東京商工リサーチ『企業相関ファイル』および『企業情報ファイル』、大野由香子教授（慶應義塾大学商学部）作成の企業間距離データより筆者作成。

が影響観察企業になる確率を計算し、その確率（傾向スコアと呼ぶ）が近い企業は企業特性が揃っているとする。企業特性の変数としては、顧客企業数、顧客企業の平均売上高、顧客企業との平均距離の3種類を使用する。各変数は、大きい値であるほど影響観察企業になる確率が高まる。しかし、似た傾向スコアを持っている2社でも、片方が影響観察企業、もう片方が比較対象企業になっている場合がある。この2社は、貿易の間接的な影響を観測するための良い比較対象になる。

存続率の差は、ここでは2種類計算している。「1対1マッチング」は、ある影響観察企業と最も近い傾向スコアを持つ比較対象企業を1社ずつマッチングして存続率の差を計算している。また、「半径マッチング」は、ある影響観察企業とマッチさせる企業として、その企業の傾向スコアとの差が一定数の傾向スコアを持つ比較対象企業全てを選ぶ。[6] なお、傾向スコア・マッチング法の詳しい説明、傾向スコアの推計結果、傾向スコア・マッチングによって企業特性が揃ったことを示す結果は、本書では省略する。[7]

企業の存続率は高まるか

表５−１で、２種類のマッチングの両方で有意な差が表れているのは、製造業の仕入企業が直接輸出あるいは直接輸入を増やした場合（ケースⅠ−１とケースⅡ−１）である。（太字の推定値は、５％水準で有意であることを示す。）このどちらも、推定値はプラスで、国内販売企業の存続率を引き上げている。他の六つの場合は、２種類のマッチングのどちらも、あるいは片方でしか、有意な結果が得られなかった。

表中の数字の意味を、製造業の仕入企業が直接輸出を増やす場合（ケースⅠ−１）で説明する。分析結果によると、仕入企業が２０１１年から２０１５年にかけて直接輸出を増やすと、この企業に販売している国内製造業企業の２０１２年２月から２０１６年６月までの存続率は、４・８％（１対１マッチングの場合）あるいは４・０％（半径マッチングの場合）だけ上昇する。影響観察企業４８１社のこの期間の平均存続率は90・０％だったので（この数字は表に記載していない）、これは比較対象企業の平均存続率が85・２％（１対１マッチングの場合）あるいは86・０％（半径マッチングの場合）であったことを表す。

分析結果から、直接輸出の増加（ケースⅠ−１）は国内販売企業の存続率を４％あるいは５％高め、直接輸入の増加（ケースⅡ−１）も国内販売企業の存続率を４％あるいは６％高めることがわかる。仕入企業による直接輸出・輸入の増加は、国内販売企業の存続率を大幅に引き上げるわけではないが、それでも意義のある程度には改善させると言える。

この結果を、三つの非対称性という観点から解釈してみよう。まず、直接貿易企業の業種である。有意な結果が得られたのは直接貿易企業が製造業の場合であり、卸売・小売業の場合には有意な結果はなかった。この違いは、両業種における国際取引と国内取引の関係の違いから生じていると思われる。製造業では、完成品の生産に用いる国内製部品と海外製部品は生産工程によって決まることから、国際・国内取引関係は技術的に規定され、国際取引の増減が国内取引の増減に直接影響を与える。それに対し、商品流通を担う卸売・小売業では、企業は国際流通と国内流通の規模を比較的独立に決めることができ、片方の増加・減少がもう片方の増加・減少につながる程度は小さいのであろう。

次に、輸出と輸入の非対称性である。ケースⅠ-1（間接輸出）の結果は、仕入企業の直接輸出の増加が国内販売企業の間接輸出の増加をもたらし、それが企業の存続率を引き上げたと解釈できる。他方、ケースⅡ-1（輸入との競合）では、仕入企業は直接輸入という逆方向の財の流れを増加させているので、国内販売企業の存続率を逆に低下させるのが自然な結果だと思った読者もいるかもしれない。これは、直接貿易企業での国内取引と国際取引の関係の違いから説明できる。

ケースⅠ-1（間接輸出）では、直接貿易企業が輸出するのは完成品で、その生産のために国内企業の中間財を仕入れて使用している。また、直接貿易企業が国内企業の製品の輸出を仲介することもある。(8) どちらの場合でも、輸出が増えれば国内企業からの購入も増える。

それに対して、ケースⅡ-1（輸入との競合）では、直接貿易企業が輸入するのも国内から仕入れるのも中間財である。この場合、輸入と国内仕入には、様々な関係が想定される。もし海外製部品と国内製部品が代替可能であれば、輸入の増加によって国内製部品が海外製部品に置き換えられ、国内からの仕入れが減少するかもしれない。他方、両者がもし代替不可能で、むしろ国内での完成品の生産に双方の部品が必要であれば、その企業の生産拡大に伴って輸入も国内仕入も増える。加えて、海外からの中間財の輸入によって生産コストが低下すれば、それは国内取引を維持するように働くかもしれない。さらに、中間財の輸入は国内取引ネットワークの再構築にもつながる。(9)

分析の結果によれば、直接輸入の増加も国内販売企業の存続率を引き上げた。これは、輸入増加の効果は、国内生産において海外製部品が国内製部品にとって代わるといった単純な置き換えよりも、海外製部品と国内製部品が共に増加する側面で強く働くことを示唆している。

最後に、増加と減少の非対称性である。間接輸出でも輸入との競合でも、貿易の増加は企業存続の確率を引き上げたが、貿易の減少が確率を引き下げることはなかった。なぜであろうか。ここでは二つの仮説を提示する。

第一に、外国市場と間接的にでもつながっていることには利点がある。その利点としてはまず、外国の新しい生産・経営技術の導入や、外国市場の情報の収集があろう。加えて、直接貿易企業がもし貿易から生産性上昇などの利益を受けていれば、国内販売企業にもそれが波及するかもしれない。

第二に、外国からの間接的な負のショックには、数年間は耐えることができる。本分析のような4年の期間であれば、経営戦略や製品などを変えることで、直接貿易が減ったことの負の間接的影響をある程度軽減したり遮断したりできるであろう。

雇用と賃金への間接効果はあるか

直接貿易の間接効果を見る企業業績として、次に従業者数と一人当たり賃金を用いる。表5-2は、従業者数への影響を推計した結果である。2種類のマッチングの両方で有意な結果が得られているケースはなく、直接貿易が国内販売企業の従業者数に及ぼす影響は観察されなかった。

次に表5-3は、一人当たり賃金への影響を推計した結果である。2種類のマッチングの両方で有意な結果が得られているのは、ケースI-3のみである。表中のこのケースの数字は、製造業企業の直接輸出が2011年から2015年にかけて減少すると、この企業に販売している国内製造業企業の賃金が、同期間に6・0％（1対1マッチングの場合）あるいは4・8％（半径マッチングの場合）だけ押し下げられることを意味する。この結果は、直接輸出の減少によって国内販売企業の直接貿易企業への販売額そして間接輸出額も減少したためだと解釈できよう。

ただ、表5-2と表5-3をあわせて見ると、直接貿易による体系的な影響は観察できない。例えば、国内販売企業の間接輸出が増加すれば、その企業の業績が上向くので、雇用は増加し、賃金は上昇すると考えられる。他の例でも同様で、国内販売企業の業績の改善または悪化は、その企業の雇用と賃金を同じ方向に変化させると予想される。しかし、この予想と合致する有意な結果はない。また、有意な結果の数も、表5-1と比べると少ない。間接輸出の減少が存続している国内販売企業の賃金を押し下げる効果は観察できたが、全体としては、直接貿易の増減が国内販売企業の雇用や賃金に及ぼす間接的な影響はほとんどなかった。

存続した企業の雇用や賃金に直接貿易が体系的な影響を及ぼしていない理由として、直接貿易の間

表5-2　直接貿易の増減が国内販売企業の従業者数に及ぼす影響

ケース	直接貿易企業の分類			従業者数の変化率の差		影響観察企業数	比較対象企業数
	輸出／輸入	増加／減少	製造業／卸売・小売業	1対1マッチング	半径マッチング		
Ⅰ－1	輸出	増加	製造	0.010	－0.002	400	20,026
Ⅰ－2	輸出	増加	卸売・小売	0.020	0.014	133	15,626
Ⅰ－3	輸出	減少	製造	0.001	0.008	347	20,021
Ⅰ－4	輸出	減少	卸売・小売	－0.086	－0.089	21	13,938
Ⅱ－1	輸入	増加	製造	0.003	0.009	408	20,454
Ⅱ－2	輸入	増加	卸売・小売	－0.008	－0.002	262	19,236
Ⅱ－3	輸入	減少	製造	0.015	0.009	219	20,293
Ⅱ－4	輸入	減少	卸売・小売	0.034	0.017	106	19,144

注：太字の推定値は、5%水準で有意であることを示す。
出所：表5-1と同じ資料より筆者作成。

表5-3　直接貿易の増減が国内販売企業の一人当たり賃金に及ぼす影響

ケース	直接貿易企業の分類			一人当たり賃金の変化率の差		影響観察企業数	比較対象企業数
	輸出／輸入	増加／減少	製造業／卸売・小売業	1対1マッチング	半径マッチング		
Ⅰ－1	輸出	増加	製造	0.030	0.017	393	20,306
Ⅰ－2	輸出	増加	卸売・小売	0.039	0.014	128	15,588
Ⅰ－3	輸出	減少	製造	**－0.060**	**－0.048**	343	19,997
Ⅰ－4	輸出	減少	卸売・小売	0.097	0.012	25	13,923
Ⅱ－1	輸入	増加	製造	－0.024	－0.001	416	20,434
Ⅱ－2	輸入	増加	卸売・小売	0.011	－0.005	270	19,201
Ⅱ－3	輸入	減少	製造	－0.002	－0.003	214	20,279
Ⅱ－4	輸入	減少	卸売・小売	－0.055	－0.034	108	19,121

注：太字の推定値は、5%水準で有意であることを示す。
出所：表5-1と同じ資料より筆者作成。

接的な影響は、まず企業の存続・廃業に強く及ぶということがあるかもしれない。第2章の結果が示すように、輸入が製造業の雇用を変化させる主な経路は事業所の開廃業であり、存続事業所内で雇用を変化させる程度はあまり大きくなかった。本章の結果によれば、同様のことが間接的な影響にも当てはまり、間接的な影響は国内販売企業の存続率に有意に及ぶが、存続した企業の雇用や賃金への影響は限定的であった。

第5章のまとめ

- 貿易の国内経済への影響の全体像を見るには、国内取引を通じた波及効果の分析も必要である。
- 製造業企業による直接輸出や直接輸入の増加は、その企業に販売する国内企業の廃業を防いだ。
- 背景には、輸出を増やした製造業企業が、国内企業の製品の購入も増やしたことがあろう。
- 別の背景として、製造業企業の生産に海外製部品と国内製部品が共に必要であったこともあろう。
- 製造業企業による直接輸出の減少は、その企業に販売する国内企業の賃金を押し下げた。
- 直接貿易企業の輸出・輸入が、国内取引企業の雇用や賃金に及ぼす間接的な影響は限定的だった。

【第5章　注】

(1) 日本における直接貿易企業と直接貿易企業と取引関係のある国内企業の数については、Fujii, Ono, and Saito (2017) や Ito and Saito (2021) を参照。

(2) 「影響観察企業」と「比較対象企業」は、傾向スコア・マッチングの用語の「処置群」と「比較群」をそれぞれ言い換えたものである。

（3）販売企業は国内企業であるとしているが、ここで国内企業とは、分析期間中に外国と直接輸出も輸入もしておらず、外国に事業展開をしておらず、外国から資本を受け入れていない企業であるとする。なお、分析期間中に主要な顧客企業が廃業した販売企業は、業績がその影響を強く受けていると思われるため、分析に使用しない。

（4）東京商工リサーチの販売企業―仕入企業データを使用した先行研究であるFujii（2017）、Fujii, Ono, and Saito（2017）、Furusawa et al.（2018）、Ito and Saito（2021）では、販売―仕入関係のデータセットを構築するにあたり、販売企業が主要販売先を回答したサンプルと仕入企業が主要仕入先を回答したサンプルを両方用いている。しかし、両サンプルで重複が約20万件しかなく、このことは販売企業側の販売先の重要度の評価と、仕入企業側の仕入先の重要度の評価が大きく異なることを表している。そこで本研究では、分析対象の性質から、販売企業の回答のみを用いることにする。

（5）ここでは企業特性として、顧客企業数、顧客企業の平均売上高、そして顧客企業との平均距離の3種類を考える。顧客企業数は東京商工リサーチ『企業相関ファイル』、顧客企業数の平均売上高は東京商工リサーチ『企業情報ファイル』、そして顧客企業との平均距離は大野由香子教授（慶應義塾大学商学部）の作成したデータから得た。

（6）傾向スコアは0から1の範囲で、ここでは影響観察企業と比較対象企業の傾向スコアの差が0・01以内としている。

（7）本章で用いた分析方法の詳細な説明と、本文で省略した他の結果については、Endoh（2022）を参照。

（8）卸売・小売企業だけでなく、製造業企業も自社で生産していない商品を国内取引相手から購入して輸出しており、しかもその規模が大きいことを、Bernard et al.（2019）がベルギーのデータを用いて、Erbahar and Rebeyrol（2023）がトルコのデータを用いて、それぞれ明らかにしている。

（9）この側面の研究として、Furusawa et al.（2018）がある。

第6章

インクルーシブな輸入のための政策

第2章から第5章までの分析で、中国やアジアからの輸入の増加が日本の雇用や賃金に及ぼす影響は、輸入の指標、企業の大きさ、従業者の技能などによって異なることを明らかにしてきた。輸入ショックは、産業や企業規模を問わず日本の雇用を一様に減少させるわけではなく、また、企業や従業者を問わず日本の賃金を一様に引き下げるわけでもない。肯定的に評価すれば、これは輸出増加だけでなく輸入増加によっても、一部の日本国民は利益を得ていることを示している。しかし、批判的に述べるならば、輸入による負の影響が一部の労働者に集まり、日本国民の中の利害の対立を激化させるとも言える。そこで本章では、輸入による労働者への負の影響を軽減し、貿易の利益を多くの国民に均霑し、よりインクルーシブな貿易を日本で実現するための政策について検討する。

本章で検討する政策は、雇用政策、所得政策、そして貿易政策・貿易支援策である。雇用政策と所得政策では、輸入ショックの負の効果が雇用や賃金に表れないように企業や労働者を支援する政策を扱う。また、貿易に関しては、輸入の急増に経済調整が追い付かない場合の輸入制限といった貿易政策や、貿易がもたらす正の効果を多くの企業に行き渡らせるための貿易支援策を議論する。

読者の中には、他にも多くの政策領域がインクルーシブな貿易の実現に関連しているので、それらも検討した方が良いと考える人もいるかもしれない。例えば、地域政策については、競合する商品の輸入が急増している産業が多く立地する地域では、輸入による雇用喪失が深刻になるので、地域内の産業構造をより多様にすることで輸入ショックを軽減できる。また、産業政策では、輸入競争が激化している産業において、新しい技術の導入を支援して生産性を高めたり、企業の他業種への転換を支援したりすることで、企業が輸入ショックにスムーズに対応できるようになる。

しかし、経済構造の変化を求めるこれらの政策は、重要ではあるものの、そのインクルーシブな貿易への成果は間接的であり、効果が表れるまでに時間も要する。そのため、検討する政策としての優先度は下がると筆者は考える。ここでは、本書の問題意識の結果と原因に直接関連する、雇用政策、所得政策、そして貿易政策・貿易支援策に紙幅を多く割き、その他の政策については国内のいくつかの事例に言及するにとどめる。

1．雇用政策の評価軸

効率性と実行可能性から評価する

輸入ショックに対応するための適切な経済政策を検討するには、政策の評価軸が必要不可欠である。そこで本節では、筆者が用いる政策の評価軸を読者に提示する。

評価軸としては、効率性と実行可能性を考える。効率性の基準は、同じ経済資源を費やして、ある目的をより良く達成できること、言い換えれば、ある目的を達成するのに、経済全体への歪みや効果の漏出が少ないことである。また、実行可能性については、現在の日本の制度だけでなく、国民の意識からも評価する。

雇用喪失への政策に関しては、最善の政策であるプランAは失職者が新たな職に就くことを促すこと、次の好ましい政策であるプランBは労働者が失職しないように企業での雇用を守ること、三番目に好ましい政策のプランCは自力では存続が難しい企業を政策によって保護することとしたい(1)。

読者によっては、このプランCこそ最善と思われるかもしれない。このような評価順にした理由は、企業の維持を目標とすると、本来であれば生産性が低いなどの理由から市場から退出すべき企業が市場に滞留し、それらが労働者や資本などの生産要素を抱え、国内の生産性が改善しない恐れがあるからである。もちろん、輸入が急増して、多くの企業が倒産の危機にある場合には、輸入制限が緊急措置として適当と判断されることはある（この点については、本章第3節で検討する）。しかし、生産性の低い企業が多く残留するという副作用が存在することにも留意すべきである(2)。

ここで急いで付け加えたいのは、この方針は企業自身の再生努力を否定してはいないということである。倒産や廃業の可能性のある企業が、政府や民間業者による様々な企業再生支援を受けて、自力で経営を続けることができるようになるのは望ましい。プランCは、自力で経営を続ける努力ができないにもかかわらず、倒産や廃業によって失業者が多く発生することを心配する政府によって、経営支援が行われることを指している。

プランBとプランCの相違は、雇用を支えるか、企業を支えるか、である。補助金を用いる政策であれば、雇用を支えるプランBの例として厚生労働省が所管の雇用関係助成金、企業を支えるプランCの例として経済産業省・中小企業庁の企業向け各種補助金がある(3)。前者であれば、補助金は企業が負担する賃金を引き下げることで、雇用を増やす効果がある。これに対して、後者の場合は、労働だけでなく資本など全ての生産要素に効果が及ぶ。そのため、同じ金額の支援であれば、雇用増加の効果は雇用を支えるプランBの方が大きくなる。

プランBの欠点は、ある企業で雇用関係助成金によって雇用が増加したことから得られる利益より、それに要する社会全体の費用の方が大きいことである。これは、ミクロ経済学から以下のように説明できる。雇用関係助成金によって企業の負担する賃金が低くなり、企業は助成金がない場合よりも雇用者を増やす。企業にとっては、この増加した雇用者に支払う賃金総額よりも、この労働者の収入への貢献分の方が大きいので、雇用者を増やすのは合理的な判断である(4)。しかし、企業が支払う賃金と政府が支払う補助金を合計した社会全体の負担を考えると、これは労働者の収入貢献分を上回る。つまり、企業は政府の負担を考慮せずに雇用者数を決めるため、社会全体の観点からは雇用が過剰になるのである。

最善の政策であるプランAは、離職者の就労を支援することである。このプランでは、プランBのような過剰雇用の社会的コストがない。すでに離職した人、これから離職する見込みの人に、次の職を紹介することは、民間の職業紹介事業者や公共職業安定所（ハローワーク）が行っている。場合によっては、これらの組織が、活動を縮小あるいは停止する予定の企業と共に活動して、離職が予定される雇用者の再就職先を斡旋することもある。また、離職元の企業と入職先の企業の橋渡しをして、労働者の転職を失業期間なく行うことを助ける、公益財団法人産業雇用安定センターもある。

離職の非効率性に関する注意点

ただ、プランAである離職者の就労支援についても、求人側とのマッチングに手間取り、失業期間が長くなると、人材という貴重な経済資源を有効に活用できなくなるという、雇用の調整費用がかかる。求職者と使用者の間で情報の非対称性が大きかったり、求職者が持つ技能と使用者が求める技能が異なっていたりすると、雇用の調整費用は高くなる。これはさらに、失業者がそのまま労働市場から退出してしまったり、会社とのミスマッチを感じている労働者に転職を思いとどまらせてしまったりという追加の悪影響をもたらす。これら全体が、離職の非効率性である。(5)

社会全体で離職の非効率性が非常に大きくなる事態として、社会全体を襲う大きな経済ショックのために、多人数の離職者が一度に生じることがある。この場合には、プランAは離職者の就労支援であっても、雇用関係助成金というプランBの方が即効性の点から選択されよう。新型コロナウイルス感染症の影響に伴う雇用調整助成金の特例措置は、そのような事例である。(6)

なお、本書の分析では、輸入ショックによって失職しやすい労働者の属性までは調査できなかった。もし、どのような労働者がその属性のために高い失職のリスクを負っているのかがわかれば、その労働者にだけ対象を限定した政策支援も考えられよう。この側面は今後の課題である。(7)

2. 所得政策の評価軸

所得低下への対応策

賃金低下への対応として、まず各労働者に賃金低下分の一部を直接補塡することを検討しよう。これは、インクルーシブな貿易という目的には合致している。また、第3章と第4章の分析を応用すれば、労働者の属性に対応した補償額を推計することはできる。補償額の原資は、輸入で賃金が上昇した労働者からその一部を徴収することでまかなえる。実現できれば最善の政策、プランAになろう(8)。

しかし、読者もお気づきのように、その補償スキームを税金の徴収・還付と類似の方法で実際に各国民に実行するという案は、現時点では明らかに非現実的である。その理由は多岐にわたるが、何よりもまず、労働者の所得とその属性（勤務先、年齢、学歴等）の情報を政府が全国民について得ることができないことがある。

そこで次に、補塡スキームではなく、徴税スキームを微調整することを検討する。第3章の結果によれば、輸入による賃金の変化幅は所得の大小に依存し、賃金が低くなるほど輸入の賃金押し下げ効果は大きくなり、逆に賃金が高くなるほど輸入の賃金押し上げ効果は大きくなる。このことから、賃金の低い労働者からの徴税額を減らし、逆に賃金の高い労働者からの徴税額を増やすことで、貿易をインクルーシブにすることができる。これを例えば、国税の所得課税の主要税目である所得税で考えると、課税所得金額の七つの段階の、各段階での税率、あるいは各段階の上限・下限の所得を調整することで実現可能である。

この方法は、労働者全体での賃金水準と補償額の傾向から徴税額を調整するので、個々の労働者の属性から補償額を推計するプランAと比べて、きめ細かな対応はできない。しかし、実現可能性は十分にあり、プランBに位置付けて良いと思われる。

これに関連して、雇用喪失に対するプランAと対になる、間接的な所得政策も提案したい。それは、輸入によって賃金が低下した労働者が、賃金低下の影響を受けない新たな仕事に移ることを支援することである。支援対象には、企業間と企業内の労働移動が共に含まれる。第3章の結果によれば、輸入増加によって賃金が上昇する可能性の高い労働者は、中堅企業や大企業に勤務している、あるいは高い技能を有しているという属性を持っていた。ここから、規模の大きい企業に転職したり、訓練や教育で高い技能を得て、それを求められる別の社内業務に異動したりすることで、労働者は輸入増加の負の賃金効果から逃れられそうである。

この方策は、まだ離職していない労働者や企業内人事異動を対象とする点で、雇用喪失への方策と若干異なる。あるいは、この方策は雇用喪失へのプランAの政策である就労支援をよりインクルーシブにして、失職者だけでなく就業者も、企業間移動だけでなく企業内異動も、ある企業内でのみ通用する技能だけでなく多くの企業で活用できる普遍的な技能の獲得も、全て対象に含めると表現できる。

企業支援がもたらす非効率性

なお、別の方法として、雇用維持や事業継続を目的として企業に助成金を支給することで、賃金低下を抑制するという政策も考えうる。これは、雇用喪失への施策のプランB・プランCと対応するものである。しかし、この政策は前述の二つの政策（徴税スキームの微調整と企業間・企業内労働移動への支援）と比べて、追加の非効率性を発生させたり、実施の困難さに直面したりするので、具体的な政策案としては検討しない。

例えば、賃金が低下する属性を持つ労働者への需要を、その特定の労働者を対象とした雇用関係助成金を全ての企業に支出することで下支えし、賃金低下を防ぐという方針もあろう。しかし、これは雇用喪失のプランBと同様、過剰雇用の社会的コストを発生させる。(9) また、政府からの支援額が学歴や性別などで異なることを好まない国民が多い場合、この政策は国民の支持を得ることが難しい。確かに、労働市場で決まる賃金が各労働者の能力や特質によって異なることは是認できても、政府からの賃金支援では平等に扱われるべきだ、と思う国民は多いだろう。(10)

別の例として、輸入のために賃金が低下する労働者を多く雇用している特定の企業に対して、雇用関係助成金によって雇用維持を支援し、賃金低下を抑制するという政策を考えよう。これは、二つの非効率性から、効果がほとんど期待できない。第一の非効率性として、企業を支援対象とすると、本来対象としたい属性を持つ労働者だけでなく、その企業に雇用されている労働者全員に支援が及ぶ。第二の非効率性として、ある企業の賃金水準は他企業の賃金水準と相互に連関しているので、本来支援の対象ではなかったタイプの労働者の賃金上昇が他企業にも波及する。国内の全ての労働者の賃金は、企業内労働市場やマクロレベルの労働市場を通じて互いに影響を及ぼしあっているので、効果の漏出が非常に大きい。

3．貿易政策・貿易支援策の評価軸

輸入制限の副作用

輸入ショックについては、ある商品の輸入が原因で、国内で雇用喪失や賃金低下が起こるのであれば、その商品の輸入そのものを制限するべきだと主張する人がいるかもしれない。[11] しかし、この政策には強い副作用があるため、支持できない。

購入者側にとっては、価格が上昇することで、支払額が増加したり、購入をあきらめたりして、購入から得られる利益や満足度が減少する。生産者側にとっても、生産性の低い企業が存続して生産要素を抱え込んだり、競争の刺激が弱まることで企業の生産性が改善しなくなったりする。加えて、各商品の輸出入は互いに関連しているので、ある商品の輸入制限は他の商品の貿易にも影響を与え、その結果、国全体としては雇用や賃金への影響が中和されてしまう。企業レベルの例では、部品の輸入が滞った電子機械機器メーカーは、完成品の輸出を減らしたり、完成品の生産を外国子会社に移したりするかもしれない。マクロ経済の例では、国内の貯蓄・投資バランスが一定であれば、ある商品の輸入減少は他の商品の輸入増加や輸出減少をもたらす。為替レートの変化による調整もある。[12] さらには、日本が輸入に完成や数量制限を課せば、外国の対抗措置を惹起し、日本の輸出に対して制限をかけられることになる。

しかし、ある商品の輸入増加が急激な場合、国内の調整が追い付かず、一時的に多くの企業倒産や失業者が発生してしまう。このことは、緊急避難的に輸入を制限する根拠となる。また、外国が不公正とみなせる貿易によって輸出を増加させている場合にも、その対抗措置をとって公正さを回復するために輸入制限が求められよう。日本には、これらの措置として特殊関税制度が存在する。特殊関税とは特別な事情がある場合に適用される関税で、日本では関税定率法で4種類が規定されている。

発動される特殊関税の種類は、輸入急増の原因によって異なる。これを、企業が請求できる3種類について説明しよう。[13] 不当廉売関税（アンチダンピング関税）は、外国企業の不当廉売（ダンピング）に対して、その企業の国内向け価格と輸出向け価格の差額を相殺するために賦課される。緊急関税（セーフガード）は、予想されない事情によってある商品の輸入の急増があり、国内産業に重大な損害がある場合に、当該商品の輸入を制限する措置である。最後に、相殺関税とは、原産国あるいは輸出国で産品の製造・輸出に直接・間接に与えられた補助金を相殺する目的で、輸入国が課す関税のことである。[14]

特殊関税の発動は、労働者への直接支援策より、実施が比較的容易である。すでに国内の制度は整っており、追加の予算の手当てもほぼ不要である。加えて、課税対象となった輸入品と競合する国内産業で働いている労働者全体に効果を及ぼすことができる。

ただ、輸入ショックの雇用喪失や賃金低下への影響を軽減するために関税を用いるのは、効率的な政策選択ではないことに注意が必要である。それは、二重の意味で間接的で、そのために副作用が多くなるからである。この、二重の間接性というのは、関税をかけることで企業を守ることと、企業を守ることで雇用や賃金を守ることとである。

まず、一番目の間接性については、企業を守る手段としてある商品の輸入に関税を賦課すると、この商品の国内価格は、生産者にとっても消費者にとっても上昇する。生産者価格が上昇することで国内生産者は生産量を維持し、労働者を雇用し続けることができる。しかし、消費者価格も上昇するため、この商品を購入する国内消費者全体の経済余剰は減少する。消費者の損失を防ぎつつ生産者の生産量を維持させるには、生産者価格だけを引き上げる生産補助金のような直接的な政策が望ましい。

次に、二番目の間接性については、生産者価格が上昇すると、この商品を生産する企業の生産量も増加し、その生産に必要な労働と資本の投入量も増加する。つまり、生産要素市場において労働だけでなく資本への需要も増加し、また賃金だけでなく資本価格も上昇する。これは、雇用喪失への政策で、プランA（失職者への就職支援）と比較した、プランC（企業への補助）の非効率性に対応する。生産者価格の上昇効果が資本に漏出することを防ぎ、雇用だけを保護するのであれば、プランBに該当する施策を実行し、例えば厚生労働省が所管の雇用関係助成金によって企業が負担する実質賃金を引き下げる方が効率的である。

関税は、このように、経済効率性という点では望ましい性質を備えていない。雇用喪失への政策としては、プランCの持つ非効率性に加えて、消費者にも負担を強いるので、評価の順番ではプランDになる。しかし、実施に際しての障害が少ないことから、緊急時の選択肢として検討できる。もちろん、乱用は避け、特殊関税を発動した場合にはＷＴＯに報告し、発動のルールを他国にわかりやすく伝えるべきである。

貿易支援策は有用か

特殊関税以外にここで検討したいものとして、貿易支援策がある。これは貿易政策と産業政策にまたがるもので、ある企業が直接に、あるいは他の企業を仲介して間接的に、外国と取引をすることを促進させる政策である。

本書第4章では、企業が外国から原材料や中間財を直接購入すると、その企業の労働者の賃金が上昇することを示した。このことから、企業が外国と取引しやすい環境を整えることは、貿易の利益を労働者が得る政策として有効であると思われる。また、第5章の結果によれば、ある考察対象企業が直接には外国と取引をしていないが、国内の販売先企業が外国と取引をしている場合には、その取引が輸出であっても輸入であっても、考察対象企業の倒産確率を低下させた。これは、間接的にでも外国市場と取引を持つことの利益を示していると言えよう。

これらのことは本書の研究で明らかになったが、直接・間接に企業が外国市場とつながりを持つことを支援する政策が、その費用に見合う成果を社会的に生み出すかどうかの研究は、未だ成果が十分に蓄積されていない。ただ、一度外国と取引を開始した企業は、その海外取引が持続する傾向があるので、外国市場とのつながりから得られる国際化企業自身の利益や、その企業の国内取引を通じた波及から得られる社会全体の利益は、長期にわたるであろう[15]。これに対して、外国市場とつながりを持つための政府支援に要する費用は、主に外国と取引関係を構築する初期時点のみでの負担となる。そこで本書では、外国市場と自国企業を接続する政策は費用対効果の面からも有効であると評価し、これをインクルーシブな貿易を実現する政策として提案する。

4. 輸入ショックに追加の施策は必要か

追加の施策の必要性

輸入の急増による雇用の喪失や賃金の低下に対して、政府が施策を講じるのは、どのような理由からだろうか。貿易からの影響に対処するために政府が介入する理由は、効率性、公正性、政治環境の三点にまとめられる[16]。

一点目の効率性に関しては、雇用の調整費用が高いと、社会が人材資源を有効に活用できず、経済効率性が低下する。これを防ぐために、失職者が速やかに新たな職を得ることを支援する必要がある。二点目の公正性とは、輸入増加による不利益をある特定の労働者だけが被ることを不公正と見て、その労働者に所得再分配を行うことである。三点目の政治環境とは、自由な貿易を国民が肯定的に評価できるための環境を整え、輸入増加を契機に極端な保護貿易政策が発動されるのを防ぐことである。

ここで検討したいのは、すでに日本にある雇用・賃金・貿易政策に加えて、輸入ショックからの負の影響にのみ対処する特別な政策が必要なのか、ということである。例えば、効率性という一点目の理由に関しては、失業者は自分に適した次の仕事を得るために、公共職業安定所（ハローワーク）を通じて無料で実施されている公的職業訓練を受講することができる（雇用保険を受給できる人であれば離職者訓練、受給できない人であれば求職者支援訓練）。このような、再就職を支援する既存の制度に加えて、貿易が原因で失業した人々に特化した追加の施策を行う必要はあるのだろうか。また、追加の施策による経済効率性の改善が、そのために要した費用を上回ることで、妥当な支援になるのだろうか。以下では、効率性、公正性、政治環境の順に、この論点を考えたい。

労働移動支援への追加施策——効率性

日本には、輸入競争の激化による失業のみを対象とした再就職支援政策はない。しかし、諸外国ではいくつかの事例がある。このうち、60年近い歴史を持ち、成果の検証も数多く行われているものに、アメリカの貿易調整支援がある。この制度には、労働省が所管する労働者向け支援、商務省が所管する企業および地域向け支援、農務省が所管する農家向け支援が含まれるが、労働者向け支援がその全予算の大部分を占めている。

労働者向け支援の場合、これを受けられるのは、輸入の増加あるいは生産拠点の海外移転によって企業の生産または販売が大きく減少し、その結果として解雇された、またはその恐れがある労働者である。支援内容は、失業保険の期間延長を通じた所得補償、再就職のための職業訓練、再就職時の賃金下落分の一部補填などである。[17]

このプログラムの効果については、成果があったと報告する研究がいくつかある。支援を受けた労働者群と支援を受けなかった比較対象の労働者群と比べると、支援を受けた労働者群では再就職する確率が上がり、また再就職した職から再離職する確率が下がったという推計結果がある。[18] 別の研究では、プログラム開始から10年間の累積額では、支援を受けた労働者の方が所得が高くなり、かつその上昇分は政府のプログラム実施費用を上回り、社会的にも貿易調整支援の効果が費用を上回ったことを報告している。[19] 他方で、プログラム開始から4年間の累積額では、支援を受けた労働者の方がプログラムの各種手当てを含めても所得が低かったという研究結果もある[20]。

アメリカの貿易調整支援が失業者の再就職支援に役立っているとしても、これだけでは、追加的な支援を輸入が原因の失業者にのみ提供する根拠にはならない。むしろ、この分析結果の政策的含意は、手厚い支援が再就職に役立つのであれば、それを失業の理由を問わずに全失業者に届けるのが望ましいというものになろう。輸入が原因の失業者に限定した、貿易調整支援のような追加の手当てが必要な理由はあるのだろうか。

確かに、アメリカで職を失った製造業労働者を、かつて勤務していた産業の輸入競争度で分類すると、強い輸入競争にさらされていた産業から離職した労働者群には女性が多いといった特徴はある。アパレル産業がその典型例である[21]。このことは、輸入が原因の失業者は、それ以外が原因の失業者と比べて、女性の比率が高いことを示唆する。そしてその原因の一つには、女性労働者の自己選別があるかもしれない[22]。そうだとすれば、女性は女性であることから輸入競争にさらされやすい産業を選んでしまい、そのために輸入で失業しやすくなるという因果関係が存在することになる。ただ、女性の入職先に関する自己選別がどの程度働いているかは、把握が困難である。加えて、このような自己選別がもし働いていれば、それによる不利益を解消する効率的な政策は女性に対する支援策であり、輸入を制限して男性労働者の離職まで防ぐのは非効率である。

また、貿易による失業者は長期的な産業構造変化の結果なので、景気循環や勤務先固有の理由による失業者と比べて、新しい技能を習得して別の産業で働く能力を習得しないと、次の仕事を見つけづらい可能性は想定できる。しかし、アメリカの失業者を対象とした分析では、年齢や性別などの属性を考慮すると、失業者が次の職を得る確率や、前職と比べて所得がどの程度減少するかは、前職の産業の輸入競争度と関連がないという結果が得られている。これは、輸入競争が原因の失業者は、そのために再就職が特別に不利になるというわけではないことを示唆する[23]。

もちろん、アメリカでのこの結果が日本にも当てはまるとは必ずしも言えない。そして、日本における同種の研究は、筆者の知る限りでは、まだ行われていない。ただ、日本では輸入が原因の失業者は、それ以外が原因の失業者と比べて、追加の調整費用を負担していると想定できる根拠も、筆者は持ち合わせていない。例として技術進歩と比較すると、技術進歩の度合いも産業間で大きな違いがあり、それが長期的な産業構造変化を導くので、技術進歩も輸入も、それによる失業者は次の職を得るのに同程度の調整費用がかかると思われる。同様に、本章第2節で賃金低下への対応策として議論した、企業間の転職支援や企業内の人事異動支援でも、原因が貿易かそれ以外かで、求められる支援に違いがあるとは想定しづらい。

以上のことは、労働移動に対する政策の検討に重要な意味を持つ。雇用喪失であれば、プランAは失業者の就労を支援することとしたが、輸入が原因の失職者に特別の就労支援を追加で行う根拠が特にないのであれば、原因を問わず、全ての失職者に同じ就労支援をすることが望ましい。賃金低下への施策の一つである、就労者への転職支援や異動支援についても同様である。つまり、様々な経済ショックを受ける労働者全てに同様の支援が提供されていれば、すなわち、労働者への支援がインクルーシブであれば、国際貿易もインクルーシブにできるのである。

日本における転職・異動支援の方法が、転職・異動の原因によって異なっているかどうか、確認してみよう。雇用喪失への政策のプランAである、在職中の転職候補者や失業中の就職希望者への支援については、民間の職業紹介事業者、公共職業安定所（ハローワーク）、公益財団法人産業雇用安定センターのいずれにおいても、貿易が原因の失業者が異なる扱いを受けているということはない[24]。また、企業内外の様々な理由から生じる人事異動の可能性に対して、能動的に準備をして新しい技能を習得しようとする社員もいよう。その際に利用できる職場の福利厚生制度や厚生労働省の教育訓練給付金等でも、技能習得の理由は問われない。すなわち、転職・異動の原因という観点からは、日本では労働者へのインクルーシブな支援は達成されていると評価できる。

なお、この評価に関して、追加の指摘を二点行いたい。一点目として、労働移動の原因という観点からはインクルーシブであると評価したが、労働市場をより良く機能させるための制度設計は、今後も絶え間ない改善が必要であることは言うまでもない。論点は多岐にわたるが、本書で強調したいのは、就労支援をよりインクルーシブにして、失職者と就業者、企業間移動と企業内異動を同じ次元で捉えるという視点である。労働移動が顕在化したか潜在的なままか、移動先が同じ企業か他の企業か、移動が自発的か非自発的かという区別はあっても、労働者が賃金あるいは雇用が変化するリスクに直面し、それに対して準備できるという点は同じである。

二点目として、特定の求職者を対象とする雇用支援も、インクルーシブな労働政策のために必要である。厚生労働省が管轄する企業への雇用支援に関しては、就職氷河期世代の者、有期雇用労働者、障碍者など、特定の属性を持つ求職者を支援対象としているものがある。これらは、新卒時の就職環境がその世代全体の雇用や賃金に持続的な影響を及ぼす世代効果、有期雇用労働者が企業内訓練の機会に恵まれない問題、障碍のために就業の機会が限定される問題を緩和するために有用である。輸入競争が原因の離職者は他の原因による離職者より再就職が不利になるわけではないが、ここに挙げた特定の労働者グループはその属性から不利になる。転職・異動の原因にかかわらず同じ支援を提供することと、特定の労働者グループにより手厚い支援をすることは、互いに矛盾しない。

脅威への対応策としての輸入制限——公正性

輸入の増加は、時に平穏な日常への外国からの脅威として否定的に見られる傾向がある。外国からの脅威に対して、自国の政府は自国民の生活を守る責務があるという意見は賛同を得やすい。特に、ある製品の輸入増加によって、輸入品と競合する商品を製造する国内企業の倒産が増えたり、競合国内企業で大規模な解雇が行われたりすると、貿易による不利益をあるグループだけが被るこのような不公正への対処を求める声は強くなる。

ただ、仮に多くの国民がこの主張を支持したとしても、政府がそれに対応して、輸入による失業を発生させないように企業を支援し、また賃金低下分などの損失補塡を直接行うことを、政策の基本方針に据えることはできないし、するべきではない。

その本質的な理由は、経済環境が人口や技術や税制など様々な理由で変化する中、貿易の変化だけを特別視できる根拠がないことである。輸入増加を外国からの脅威で不公正なものと感じる背景には、原因が自国民ではないと見えるわかりやすさがあろう。しかし、その原因が全て外国にあるわけではない。自国消費者の需要増加、自国生産者の供給減少、国内比較優位構造の変化など、自国内の要因も強く働く。また、技術変化も外国からの新技術導入がその一因であるなど、経済環境を変化させる様々な要因で外国からの影響を受けるものは多い。そもそも、国民の所得が減少した際に、外国の要因に対しては公正さを根拠に損失回復を自国政府に要求でき、自国の要因に対しては要求できないという区別はない。

副次的な理由として、支援対象者とその損害を特定することが困難なこともある。前項で紹介したアメリカの貿易調整支援の場合、対象者数については、2019会計年度では、受給資格を得た人数が8・8万人と少なく、その中で実際に支援を受けた人は2・8万人に過ぎない(25)。これは、輸入が原因である潜在的失業者のごく一部に過ぎない。受給者が少ない理由には、予算が不足しているという側面もあろうが、失業の理由が輸入であるかどうかの判断が難しいことが根本にある。本書第2章のように輸入が原因の離職者数を研究者が推計することと、目の前の離職者の誰がそれに該当するのかを担当職員が特定することとは、当然ながら後者の方がはるかに困難が大きい。ある企業の生産する製品と競合する輸入品が急増していたとしても、その企業の事業削減の引き金は、実は技術職数人の退社だったかもしれない。また、輸入の影響をほとんど受けない産業でも、輸入が「最後の藁」となって企業が倒産することはある。

国民の大部分は、自身の所得が、所得を得ている事業での他社との競争、消費者の嗜好の変化、商圏内の人口の増減など、数多の要因から変化していることを感じているだろう。輸入競争もその要因の一つである。輸入が外国に関連する要因であるため、公正さに基づく政策を追加で実施することへの要求が国民から出やすいことは理解できる。ただ、それには経済学的に是認できる根拠はなく、また実効性のある支援を国民に提供することも困難である。

ただ、労働市場に直接働きかける政策ではないが、公正性の観点から水際措置として輸入を制限することが是認される場合もある。すでに本章第3節で検討したように、輸入増加が急激で労働市場での調整が追い付かなければ、あるいは外国から不公正とみなせる輸出が行われていれば、特殊関税を発動することに賛成できる。

日本では、これまで特殊関税はあまり利用されてこなかった。2023年3月現在で発動されている特殊関税は、不当廉売関税の6件のみである。[26] WTO加盟国の中でも、特殊関税発動件数は非常に少ない。日本の経済規模を考えると、例外的とも言える。前節で紹介した関税の非効率性を考えると、この抑制的な運用は好ましいと評価できる。ただ、国内企業や業界団体は、現状よりも特殊関税発動の申請を積極的に考えても良いであろう。特殊関税はさらに、次の政治環境の整備という役割も有する。

貿易自由化の環境整備――政治環境

前述のアメリカの貿易調整支援は、アメリカの連邦議会において、大統領が外国と貿易協定を締結することを議会が認めるために必要なものでもある。これは次のような事情による。アメリカでは、連邦議会が貿易協定に関する権限を持つ。しかし、これでは各議員の意見が錯綜して外国との交渉が停滞するため、大統領は議会からこの権限の委任を一定期間受けることができる。この貿易促進権限への合意を貿易自由化に慎重な議員からも得るために、大統領は抱き合わせで貿易調整支援も更新するパターンが多く見られた[27]。

加えて、アメリカ下院議員を対象にした研究で、自分の選挙区で貿易調整支援が多く受けられるほど、その議員が審議中の自由貿易協定に賛成する確率が高まることを明らかにしたものもある[28]。他方、貿易調整支援の予算は、２０１５年度では8億アメリカドルと、国家規模を考えると非常に少額である[29]。アメリカにおいて貿易調整支援は、貿易自由化交渉の政治環境を整える役割を果たし、しかもその費用対効果は高いと言えよう。

２００6年に制定された韓国の貿易調整支援制度も、韓国議会で地域貿易協定への承認を得るために導入された。これは、地域貿易協定締結によって売上あるいは生産が大幅に減少した韓国国内企業とその労働者への支援制度である。被害を受けたことを政府に申請するのは企業で、実行された支援は中小企業への低利融資が中心であった。

韓国の貿易調整支援制度は、地域貿易協定締結への政治環境を整えるために必要だった。しかし、失業者への支援策という意味では、この制度は十分には機能していない[30]。制定当初は、売上あるいは生産が25％以上減少した企業がこの制度を適用できた。ただ、この基準は厳しすぎ、適用対象企業が非常に少なかったため、２０１1年に20％、２０１2年に10％に引き下げられた。しかしそれでも、この制度を適用された企業は少ないままで、施行から10年間で約80社に過ぎない。

日本において、貿易調整支援制度への人々の支持が、政治的機能を強調することで高まるというアンケート調査もある[31]。それによると、貿易の拡大が自身の収入や雇用に悪影響を及ぼすと思う人々は、そうでない人々よりも貿易調整支援制度の構想への支持率が高かった。ここで、この制度の政治環境整備の意義を強調すると、支持率は全般的に高まった。これは、貿易調整支援制度の政治的機能を、貿易拡大によって良い影響を受ける人々も理解して支持していることを表している。

以上の考察から示唆されるのは、さらなる貿易自由化を進める際に、貿易調整支援制度もあわせて導入することで、貿易自由化への政治環境が整いやすくなるということである。日本では工業品の輸入関税はすでにほぼ撤廃されており、残存する関税は農産品という自由化が政治的に極めて難しい品目に偏っている。このような関税構造のもとで、WTOの多国間政府交渉の結果として関税を引き下げる、あるいは地域貿易協定を締結するなど、今後日本が貿易自由化政策を推し進めるためには、貿易調整支援制度という新しい制度を導入する必要があるかもしれない。

ただし、本書の研究対象から、追加の検討も必要である。それは、日本の通商政策に変更はないが、アジア諸国における供給能力の増大という外生的な要因によって日本の輸入が増加する場合にも、この制度が必要かどうか、である。これに対しては、輸入急増によって国際貿易に対する日本国民の評価が否定的になるようであれば、貿易調整支援制度を導入して、開放的な経済体制を支える政治環境が損なわれないようにすることを、筆者は推奨する。加えて、特殊関税の発動も、いざという時には国内産業を保護するという姿勢を政府が国民に示すことから、政治環境の整備に追加の役割を果たすだろう。

筆者の観察では、現時点では、日本国内において国際貿易に対する評価が否定的になっているとは言えない。コロナ禍の前でも、輸入制限措置を求める意見は強くなかった。過去10年間でも、商品貿易に関して輸入障壁を引き上げたり輸入制限を課したりした措置は、新規の不当廉売関税のみである。(32)

このような状況であれば、現時点で貿易調整支援制度は特に必要とされていないであろう。

5．日本がとるべき施策の検討

徴税スキームの調整

前節までの議論を受けて、本節では日本でどのような政策を実施することで、インクルーシブな貿易を実現できるかを検討する。あわせて、インクルーシブな貿易をもたらす政策のうち、すでに日本国内に整備され、かつ効率性の面で優れている就労支援に関して、それをさらに有効に機能させるための留意点を述べる。本節で議論の俎上に載せるものは、徴税スキームの調整、特殊関税制度の利用、貿易調整支援制度の新設、企業の直接・間接の外国取引への支援、雇用の調整費用の低減、地域雇用政策の六つである。

一番目に、徴税スキームとして、所得が比較的低い労働者の税負担を軽くし、所得が比較的高い労働者の税負担を高くする調整を考える。ここでは具体例として、所得税を取り上げる。

所得税には、課税される所得金額に応じて、税率が７段階存在する。税率が最も低いのは５％で、これは１９５万以下の所得分に適用される。第３章の図3-3では、左から七番目の印までは、所得全てがこの段階内に入る。この図によると、中国からの輸入によって最も所得が低下するグループでも、16年間でその影響は４％で、１年間では０・25％の低下である。輸入によって最も所得が上昇する所得グループでは影響はさらに小さく、16年間で２・８％、１年間では０・17％の上昇である。これに対して、所得税の税率は整数のパーセントで規定されている。

確かに、税率を小数第一位までの数字に変更すれば、0・1％の調整も可能になる。しかし、第3章の図3-4で確認したように、輸入競争による賃金変化は、実際に観察された賃金格差を説明することがほとんどできない。他の要因によってかき消されている輸入競争の影響に対処するために、所得税の税率にわざわざ小数点以下の数字を用いて徴税の手間を増やすことに、国民の支持は得られないだろう。徴税スキームに関しては、輸入の影響を相殺するような調整は非常に微小であり、かつ国民の理解が得づらいため、それを追加で導入することは難しいと、本書では結論付ける。

なお、導入できる可能性がある方法は、貿易だけでなく、他の要因からの影響も全て反映した、実際に観察される所得格差の変化から導かれた制度変更であろう。この場合、所得格差の拡大・縮小の程度は大きくなり、1％刻みの所得税の調整が馴染みやすくなる。また、7段階の各課税所得区分の上限・下限の値を調整することも検討できる。観察される所得格差は、そこに所得変化の様々な要因の影響が反映されているという意味でインクルーシブであり、課税後の所得の格差を拡大させないように制度を調整することで、インクルーシブな貿易も実現することができる。

特殊関税制度の利用

二番目に、特殊関税制度の利用を考える。この制度はすでに日本に存在するが、経済規模を考えると実施例は非常に少ない。不当廉売関税では、WTOが発足した1995年から2021年までに、日本では15件を発動している。これに対して、アメリカでは605件、EUでは351件、最多のインドでは767件を、同期間に発動している。[33] さらに、日本では相殺関税の発動は1件だけで、緊急関税はこれまで正式に発動されたことはない。[34]

このような発動件数の少なさの原因は、WTO創立直後であれば、特殊関税制度が国内企業や業界団体に知られていなかったことや、政府内での調査制度が申請者にとってあまり利用しやすいものではなかったことに求められたかもしれない。しかし、私見では、2000年に、ねぎ、生しいたけ、畳表への緊急関税に関して日本政府が調査を開始し、翌年に暫定措置を発動したことが契機となり、日本国内でのこの制度への認知が高まり、日本政府もこの制度を利用しやすいものにするための制度改正や情報公開を続けてきた。特殊関税を発動する貿易救済措置を求める申請者にとって、制度面での障壁は大きく低下したと言える。

現在、政府は貿易救済措置を国内企業や業界団体が理解し、申請する助けとなる情報を提供している。経済産業省では、ウェブサイトで制度の説明、過去の事例に関する情報、相談フォームなどを提供し、申請する際の困難を軽減している。財務省でも相談窓口を設置している。今後、企業、政府、法律事務所での経験が国内に蓄積されれば、必要な時に企業が躊躇せず本制度を利用できるようになるであろう。[35]

本章第3節で詳述したように、輸入ショックによる雇用喪失や賃金低下に対する政策として、輸入を制限することは甚だしく非効率である。しかし、不公正な貿易を行っている相手国がいる場合や、特定の商品の輸入増加が急激で早急な対応が必要な場合には、特殊関税制度の利用は認められる。

貿易調整支援制度の新設

三番目に、日本の新しい貿易調整支援制度を検討する。貿易調整支援制度は、インクルーシブな貿易の実現に直接には関係しないが、その前提である、日本国民が貿易の利益を得る環境を整えることに有用である。

前節で議論したように、アメリカや韓国のような貿易調整支援制度は、現時点では日本で導入を目指す必要はないと筆者は考える。ただ、自由貿易への国民の評価が今後変化した際には、必要性が高まるかもしれない。その場合、策定された貿易調整支援制度が政治的環境整備に役立つとしても、我々がそれだけで満足せず、日本国内の労働者への有効な支援策にもすることで、新しい制度がインクルーシブな貿易の実現により貢献できるようになる。

筆者は、日本で創出する貿易調整支援制度は、アメリカの制度に類似したものが良いと判断する。具体的には、厚生労働省の雇用保険制度に接続させて失業者に直接支給するものである。それは、以下の述べる三つの観点から、輸入拡大による失職者への支援がより有効に機能すると評価できるからである。

まず、一つの省が主管している。アメリカの貿易調整支援では、労働者向け支援は労働省、農家向け支援は農務省と、支援対象別に一つの省が管轄する。これに対して、韓国では、中小企業振興公団と産業通商資源部がプログラムの実施に関わっている。[36] 韓国の貿易調整支援制度が機能していない理由の一つに、両政府組織間の連携不足があるかもしれない。複数の省庁が関わる政策では、連絡調整を密にしないと政策の有効性が損なわれる恐れがある。[37]

次に、失業者を支援する既存の制度と接続させている。これによって、政府が支給する手当ての総額に上限を設置するなどの方法で、過度な支援を防ぎ、予算を該当者に効果的に配分できる。また、失業者は貿易調整支援制度に申請する手間を軽減できる。アメリカでも貿易調整制度は失業保険と接続しており、失業保険の受給資格を持つことが、貿易調整支援の認定要件の一つになっている。ただ、このようにすると、所定労働時間や雇用期間が短いために雇用保険の受給資格がない非正規労働者は、貿易調整支援も受けられなくなってしまう。この点には留意すべきである。

最後に、労働者を直接支援している。韓国の貿易調整支援制度では支援対象は主に企業であるが、本章第1節で検討したように、これは労働者の雇用を守る政策としてはプランCになる。貿易調整制度の対象を失業者とすることで、効率性が改善され、プランAとなる。

申請適格者には、企業だけでなく、失職者も含めた方が良い。前述の特殊関税が発動された場合、その特殊関税を申請した企業からの失職者には、自動的に貿易調整支援制度を適用することも検討に値する。(38) また、支援内容は、失業等給付の上乗せや給付日数の延長が考えられる。該当者を雇用する企業に助成金を支給するという方法もあるが、これは雇用政策としてはプランBに該当する。(39)

企業の外国取引への支援

四番目に、企業の直接・間接の外国取引への支援がある。これは、輸入ショックに直接対応する政策というよりも、むしろ外国との取引が企業とその労働者に便益をもたらす環境を整備する政策である。

この領域の研究では、国際貿易が国際化企業の業績に与える直接効果の解明が最も進んでいる。この研究で対処しなければならない課題の一つは、企業業績が貿易に与える逆の因果関係のコントロールである。輸出や輸入をしている、あるいは輸出や輸入を始める企業は、そうでない企業よりも生産性がもともと高い傾向にあるので、この点を考慮しないと、国際貿易の企業業績への効果が正に偏って推計される懸念が生じる。既存研究では、ランダム化比較試験、傾向スコア・マッチング、操作変数法といった方法でこの課題に対処している。そのようにして得られた結果では、おおそ、国際貿易に直接携わる企業は貿易の拡大から生産性向上などの利益を得ることが示されている[40]。本書の第4章の結果でも、企業がオフショアリングを拡大することでその企業の賃金が上昇している。

国際貿易が企業業績を引き上げるとすれば、次の検討課題として、どのように企業を支援すれば貿易を開始するかということがある。この点については、輸出振興策の成果に関して研究の蓄積が進んでおり、振興策はある対象について有効であるという研究成果が多い。

例えば、輸出展示会・商談会に参加した日本企業と参加しない日本企業を比較・分析し、参加によって特に中小企業、あるいは欧米市場向けで、輸出が開始されることを明らかにした研究がある[41]。これは、日本貿易振興機構や国際協力機構といった独立行政法人による、輸出展示会・商談会への参加支援という形態の輸出促進策が奏功していること、そして、中小企業の輸出開始による賃金上昇から所得格差が縮小する可能性があることを示している。また、ベトナムで繊維・衣料企業を対象にした輸出セミナーを開催し、そこに参加した企業が輸出を始めたかどうかを調査した研究によると、規模が大きく生産性の高い企業が輸出を始める効果はあった反面、規模が小さい企業の成果は観察されなかった。[42]

貿易活動を支援する直接的な政策は、これらの輸出展示会や輸出セミナーも含めて、貿易インフラの整備と包括的に述べることができよう。この政策が望ましい理由として、貿易インフラは準公共財的な役割を持ち、その利益が多くの企業に行き渡ることがある。

貿易インフラの意味する範囲は、道路や港湾だけでなく、物流サービス、ロジスティクス、海外取引先の情報提供なども含む。外国との取引では、国内での取引に追加して対処しなければならない課題が多い。その課題を解決する支援、例えば地元の商工会議所を通じて知る同業他社の経験、取引金融機関から届く海外の取引先候補の情報、日本貿易振興機構から得られる貿易実務に関する知識や展示会・商談会情報、小規模の国際取引を可能にするための運輸業者による小口混載コンテナの活用などがあれば、それは非国際化企業にとっての貿易障壁を低くする。企業の国際化を支援する政策としては、このような貿易インフラを対象とすることを提案したい。

なお、国内企業を間接的に外国市場と接続させる政策の効果については、未解明の部分が多い。ある企業が直接では外国と取引をしていなくても、外国と取引をしている国際化企業に自社製品を販売するなどして取引関係を築けば、その企業は間接的に外国市場とつながる。これが、その企業の倒産確率を引き下げることを、第5章で示した。しかし、国内企業を国際化企業と取引させる政策として何が有効かについては、研究が進んでいない。

雇用の調整費用の低減

五番目に、雇用の調整費用を低くするための施策を考える。これは、輸入ショックへの施策として効率性の面で優れているプランAの労働移動を、より良く機能させるために重要である。

求職・求人や人材開発については、雇用する側の事業者向けにも、雇用される側の労働者向けにも、すでに厚生労働省などが多様な政策を提供している。労働者のスムーズな離職・入職を助けるこれらの政策を今後改善する際の視点として、失職者と就業者、企業間移動と企業内異動を問わず、希望する国民に同じ政策を適用することを、本書では提案したい。

この視点を、社会人が学校で新たに学び直すリカレントへの支援を例に説明する。再教育の文脈における「リカレント」という言葉は、筆者の記憶では2000年代にはすでに使われていた。しかし、2021年頃から日本では、労働者が成長分野に移動するため、特にデジタル・トランスフォーメーションに従事するために学び直す「リスキリング」という言葉が急に用いられるようになり、「リカレント」は存在感を失っているように見える。日本政府もリスキリングに積極的で、首相が2022年に国会で個人のリスキリングへの支援を行うことを表明し、今後リスキリングが省庁の政策支援として具体化されていく見込みである。

もちろん、リスキリングは日本企業の生産性を高め、より豊かな社会を未来に残すために必要なことである。ただ、本書でこのリスキリングを推さなかったのは、リスキリングは現状では企業がその従業者に対して行うものを指すことが多く、失業者はその対象にならないため、インクルーシブな就労支援という目的には完全には合致しないと筆者が評価するからである。

これに対して、就業しながら、あるいは失業中に、学校やその他教育機関で知識や技能を学ぶリカレント教育は、就業者も失業者も利用でき、かつ就業者が他社に転職することにも自社内で異動することにも備える助けになることから、インクルーシブな就労支援に値する。就業者であっても、夜間や休日に開講される科目や、オンデマンドで配信されて都合の良い時間に学習できる科目を履修することは可能である。在職者、離職者、求職者で異なる制度を提供する必要性は薄い。すでに文部科学省がリカレント教育の充実に向けた事業を実施している。学校側には、リカレントに適した、内容や学修期間の多様なカリキュラムを提供すること、そして政府側には、リカレント教育を希望する人々に、その背景や就業状態にかかわらず同じ基準で金銭的に支援することを期待する。(43)

雇用の調整費用を低くする方法としては、事業譲渡や起業支援などもある。倒産してしまった企業が事業全体を閉じてしまうと、その組織が保有していた土地や機械設備といった有形資産、そして技能、知識、取引先との関係、労働者間の相互理解といった無形資産も消失・散逸してしまう。もし利益を生み出せる事業が一部にあれば、その組織の有形・無形資産を取り出して事業譲渡を行うことができる。そうすれば、その組織の労働者は失業せず、雇用の調整費用を負担せずに済む。倒産企業の一部の従業員が、それまで培った無形資産を基に起業することを支援するのも、雇用喪失から雇用創出に労働者をスムーズに移す効果がある。

他にも、民間の職業紹介事業者の活動を支援する補助金も、検討に値する。人工知能などの情報通信技術を用いて、民間の職業紹介事業者は新しいサービスを次々と提供している。その機能を強化することは、公共職業安定所（ハローワーク）の業務を補完して、日本の労働市場が効率的に機能することを助け、雇用の調整費用を低減させる。もちろん、誤ったインセンティブを事業者に与えると、質の悪いマッチングを多数作りだしたり、労働者に必要のない離職をさせてしまったり、給与の比較的高い求人に偏って業務が拡大したりする。様々な知見を活かせば、本来の趣旨に沿った成果を得るための補助制度を構築できるであろう。

なお、本書では輸入によって賃金が低下する労働者への対応策として、これに直接対応することが困難であることから、間接的な対策である転職支援を提示した。ただ、転職によってむしろ賃金が低下することを懸念する読者もいよう。確かに、転職者の賃金変化に関する厚生労働省の『雇用動向調査』令和元年の結果によれば、新旧の職の就業形態が共に雇用期間の定めのない一般労働者の場合、転職によって賃金が増加した人、変わらない人、減少した人の比率は、それぞれほぼ三分の一であり、転職によって賃金が低下する可能性は高い(44)。

転職によって賃金が低下しやすくなる労働者の属性について、日本の男性を対象に分析したある研究によると、転職前と転職初年の年収を比較すると、転職時の年齢が40代以上であることは年収を下げる要因になる。ただ、これに対しては、同じ研究で、転職の理由が賃金への不満である労働者については年齢の負の効果がなくなることや、新しい職の内定が退職する前か同時であれば年収が増加しやすいことも示しており、賃金低下を回避できる要因も存在する(45)。

日本の労働者を対象とした別の研究では、転職者の所得と、その転職者が転職しなかった場合に得られる所得の、10年あるいは20年間の累積額の差を推計した。それによると、離職理由が会社都合（会社の倒産・廃業、解雇や肩たたき、など）や家庭の事情（結婚・育児・介護、通勤時間の長さ、など）

である人は相対的にマイナスになりやすく、逆に前向きな理由（自分の能力との不適合、給与・賞与の少なさ、など）ではプラスになりやすかった。貿易ショックによる解雇は会社都合の理由で、そのため生涯賃金は低下しがちであるが、労働者が様々な企業の賃金を観察して転職活動を検討していれば、生涯賃金は上昇しやすくなるであろう[46]。

貿易だけでなく、様々な理由で賃金が低下した労働者が、転職による生涯賃金の低下を恐れて現職にとどまる判断をすることはあろう。賃金低下については、これを労働者に直接補償することができず、企業を支援することも非効率であるので、その対応策としての転職や異動を実際に行うか否かは、労働者自身に判断を委ねることになる。政策の対応としては、雇用の調整費用を低くしたり、労働者が判断材料になる情報を入手しやすくしたりして、転職の環境を整備することにとどめるのが適切である。

地域雇用活性化への支援

最後、六番目に、地域雇用政策を検討する。本章第1節で述べたように、本書では離職者の就労を支援することをプランAと評価している。このように、雇用調整を円滑に行うために、企業ではなく人を支援することは、経済学の考え方から望ましいと評価できる。ただ、輸入による労働者の雇用や賃金の変化は、急増した輸入品と競合する商品を国内で生産している地域でより集中的に表れる。このことから、影響が顕著に見られる地域に対して特に支援策を実施すべきと思う国民も多いだろう。

確かに、雇用調整は転居を伴う場合にはなかなか機能しない。遠隔地にある職の情報は得づらく、住まいを変えることには多くの不確実性が伴い、転居に応じられない事情を抱える労働者も多い。そのため、労働市場は日本国内で一つの市場を形成しているというよりも、個々の地域である程度分断され、独自性を有していると言える。

このような地域労働市場の存在により、第2章で見たように、過去20年間に輸入競争に強くさらされてきた産業（繊維・衣料、通信機械器具、日用品など）が多く立地する地域では、輸入による雇用の減少をより多く被り、その地域に住む労働者が他地域よりもより不利な状況に置かれてしまう。地域経済の疲弊は公共サービスの低下や地域コミュニティの縮小を招き、住民はその地域に住み続けることに不安を覚える。この場合には、対象地域を限定した雇用政策も有効である(47)。

輸入との競争の結果衰退した産業が多く立地する地域での雇用政策について、戦後の例をいくつか挙げてみよう(48)。まず、日本のエネルギー源が石炭から輸入石油に転換する「エネルギー革命」の時代、1961年（昭和36年）に制定された産炭地域振興臨時措置法と翌年設立の産炭地域振興事業団がある。他の工業活動を産炭地に誘致するため、事業団が工場用地を造成し、それを進出企業に長期融資付きで譲渡した。そして、進出企業の新規雇用の30％以上が炭鉱離職者やその子弟で占められる場合には、企業は事業団から優遇金融を受けることができた。

また、高度経済成長が終わり、過剰設備を抱える「構造不況業種」の問題が顕在化し、対策として1977年（昭和52年）から翌年にかけて、特定不況業種離職者臨時措置法、特定不況地域離職者臨時措置法、特定不況産業安定臨時措置法、特定不況地域中小企業対策臨時措置法の四つの法律が施行された。このうち、二番目と四番目の臨時措置法については、労働者の職場転換を支援するために、特定不況地域離職者を採用した企業は特定求職者雇用開発助成金を支給されたり、離職者が雇用保険の個別延長給付を受けられたりする施策が盛り込まれた。

さらに、1987年（昭和62年）に施行された産業構造転換円滑化臨時措置法では、経済・雇用が著しく悪化している地域が法令で特定地域に定められ、特定地域で行われる地方公共団体等の出資による事業、工場等の新設・増設、新規分野開拓事業に対して、国が資金確保に関する努力義務を持つことが規定された。

地域雇用政策の現在の例として、厚生労働省による地域雇用活性化推進事業がある。この事業では、雇用機会が不足していると有効求人倍率から判定された市町村、または過疎地域などの市町村が、経済団体等と地域雇用創造協議会を構成し、そこで事業構想を計画する。事業対象は輸入増加が原因の雇用減少だけに限定していない。立案された計画は本事業の事業選抜・評価委員会に提案され、この委員会が雇用創出や地域経済活性化に有望な構想を選び、協議会に事業費用を給付して実施を委託する。

これらの地域雇用政策は、インクルーシブな貿易のための施策として有効であると、筆者は判断する。確かに、雇用創出が主目的であるものの、事業費用は建物・機械設備・無形資産などの資本の維持や企業の存続にも一部用いられてしまう。しかし、そのような雇用以外への漏出があるとしても、分断された地域労働市場が日本国内に存在することから、地域雇用政策は是認したい。他地域への移動が難しい労働者にとって、居住する地域に雇用が創出されれば、入職の困難さは低下する。

加えて、第2章2節で紹介したように、輸入の域内雇用への影響として、再配分効果と総需要効果があることも理由である。輸入の雇用への影響には、産業で規定されるものとして、国内輸入競争産業への直接効果と、産業間取引を通じてその効果が伝播する間接効果がある。地域労働市場ではそれに加えて、地域内で労働者が事業所間を移動する再配分効果と、雇用減少が地域内の消費や投資の減少を通じてさらに雇用を減らすという総需要効果がある。この二つの追加効果によって、輸入ショックの雇用への影響は、産業レベルの分析よりも地域レベルの分析で大きくなる。地域雇用政策には、このような地域独特の効果を緩和する役割が期待される[49]。

右記のような地域雇用政策の長所に加えて、現在の地域雇用活性化推進事業にはさらに望ましい特徴がある。まず、この事業の適用地域の選定に雇用減少の原因は問われず、輸入増大による雇用減少だけを対象としてない。前述の日本の昭和時代の地域雇用政策では、産炭地や特定不況業種の集積地という選定基準があった。しかし、地域雇用活性化推進事業では、域内での雇用減少で疲弊した地域を、その原因を問わず、横断的に対象としている。また、雇用創出や地域経済活性化のために提案された事業構想案から、コンテスト方式で地域と構想が採択されるという形式も、地域の創意工夫を促すのに役立つであろう。

日本の地域雇用政策の有効性を検証した分析もいくつかある。例えば、産業構造転換円滑化臨時措置法について、雇用増加率が特定地域で有意に高くなったという研究や、現行の地域雇用活性化推進事業の先行事業である地域雇用創造推進事業について、確かに対象地域で雇用が創出され、かつそれが他地域の雇用を奪ってはいないことを示した研究がある[50]。

なお、地域雇用政策は労働市場が分断されているという状態から正当化されるものであるから、その状態そのものを解消するための政策も同時に行ってよい。労働市場が地域によって分断されているのは、労働の需要者と供給者が地域を越えて移動するのが難しいことによる。そして、この移動を促進する政策もいくつかある。例えば、労働の需要側では、事業所の本社機能を地方に移転あるいは地方で拡充することを目的とした地方拠点強化税制がある。また、労働の供給側では、雇用保険を受給中の求職者は、遠隔地の事業所で面接をした場合に「広域求職活動費」を、職業に就くために住所を変更する場合に「移転費」を受給できる。

筆者は、これらの国の政策はさらに拡充して良いと思う。特に、「移転費」の金額は引き上げて良い。人々が遠隔地に仕事があるのを知りつつ移動しない理由には、地元への愛着、家族の事情、新しい環境への不安など様々あるが、引っ越し費用や賃貸住宅を新たに借りる際の敷金・礼金といった金銭的な負担が理由になっている人であれば、移転費によってその困難を取り除くことができる。

ただ、これら移動促進策は、地方公共団体も行っている。地元に事業所を誘致するために優遇税制や助成金を提示したり、移住を促進するために転入者に助成金を給付したりする地方公共団体は多い。そして、地方公共団体が金銭的インセンティブを用いて誘致競争を行うと、実際の移動の成果に対して社会全体の費用がかかりすぎてしまう。地方公共団体による誘致策は、国による移動先を限定しない移動促進策と比べると、「インクルーシブな貿易」を実現する政策としては筆者は支持できない。

第6章のまとめ

・雇用喪失と賃金低下に対しては、その原因を問わず全ての労働者が対象になる就労支援が効率的。
・企業への助成金は非効率な政策であり、それ以上に輸入制限措置は非効率で、共に是認できない。
・雇用喪失と賃金低下に対しては、輸入からの影響に特化した対応策は支持できない。
・輸入による賃金低下に対して、他の影響も包括的に考えた徴税スキームの微調整は導入可能。
・輸入急増への緊急措置や不公正貿易への対抗措置として特殊関税制度を用いることは認められる。
・貿易調整支援制度の日本への導入は、貿易自由化への反対を和らげるが、現時点では不要。
・貿易支援策として、日本企業の外国取引を支える貿易インフラの整備は、実施する価値がある。
・雇用調整の円滑化に、リカレント、事業譲渡、起業支援、民間職業紹介事業者への支援等も有効。
・労働市場が地域で分断されている現状では、影響を強く受ける地域への地域雇用政策も効果的。
・他地域への労働者の移動を支援する政策も、本書は支持する。

【第6章　注】

（1）なお、雇用と賃金の変化は、マクロ経済の観点からは、労働の調整を数量で見たものと価格で見たものの違いであり、本質的には同じものである。しかし、本書では事業所・企業レベルの資料を用いて雇用喪失も分析しており、雇用喪失の場合は対応する賃金が観察できない。また、総雇用は雇用創出と雇用喪失で変化し、そのため雇用喪失と総雇用が同じように変化するわけではない。これらのことから、雇用喪失に関しては、雇用と賃金の同時決定の議論が適用できない。

（2）政策的な支援によって市場から退出せずに存続している企業は「ゾンビ企業」と呼ばれる。「ゾンビ企業」は、様々な政策によって発生する可能性がある。例えば、新型コロナウイルス感染症の蔓延防止措置のために苦境にある日本企業への政府支援でも、これを受けている企業は受けていない企業よりも新型コロナウイルス感染拡大前からすでに生産性が低かった傾向がある（Morikawa, 2021）。コロナ禍の状況では政府による企業支援は必要だが、その支援期間が長期になると「ゾンビ企業」が多く存続するという副作用も目立ってくるであろう。

（3）新型コロナウイルス感染症の企業への影響を緩和するための持続化給付金のような、企業存続を目的とした政府補助金は、特別な措置を除けばほとんどない。しかし、生産性向上や新規事業創出を目的とした補助金であっても、結果として所期の目的を達成できず、企業の存続にだけ役立ったという事例は多くあろう。

（4）実はこの記述は、追加で何人雇用するかの説明で、厳密さを欠いている。企業が追加で何人雇用するかは、企業が雇用者を一人一人追加してゆき、その最後の一人が増やした企業の収入（限界収入）とその一人に支払う賃金（限界費用）が等しくなるところで決まる。

（5）OECD（2015）によると、日本では2002年から2013年の間、失職者のうち1年以内に再就職したのは半数以下、三分の一は失業したままで、四分の一は一時的にではあるが労働市場から退出した。これらの数字は、失職者の就労支援にまだ改善の余地があることを示唆している。また、同レポートによると、再就職率が特に低いのは、高齢者、女性、教育水準の低い労働者であった。このことから、失職の非効率性が主にこれらの労働者から生じていると言える。

（6）雇用調整助成金は、厚生労働省が管轄する雇用関係助成金の一つで、事業活動の縮小を余儀なくされた事業主が、休業などの実施で雇用を維持した場合に支給される。新型コロナウイルス感染症の拡大を受けて、その影響で事業活動が縮小した場合の特例措置が講じられた。

（7）関連して、新型コロナウイルス感染拡大によるショックによって失職しやすい労働者の特性については、いくつかの研究成果がある。例えば、Kikuchi, Kitao, and Mikoshiba（2021）によれば、非正規雇用の労働者や、産業が対人的で職業がリモートワークに対応しづらい労働者の数が大きく減少した。また、Hoshi et al.（2022）は、前年に正規職に従事していた60歳と65歳の男性は、人々の行動抑制によって失業しやすくなったことを示し、これを再雇用の機会が失われた結果と解釈している。なお、失職ではないが、この研究ではコロナ禍で急増した休業者（休業しているが就業者である）についても分析しており、休業者の増加は特に非正規労働者、低学歴者、子供を持つ女性、31歳から45歳の中年者で大きかったことを示している。

（8）輸出の効果もあわせれば、貿易拡大によって実質賃金が上昇した労働者から低下した労働者に、その低下分全額を補塡できる可能性も高くなる。これは、貿易自由化が全ての労働者にパレート改善をもたらすための税体系や補償スキームに関する議論と関係がある。国際貿易論で多くの研究蓄積があり、日本語の教科書による研究紹介として例えば中西（2013）がある。

（9）この社会的コストは、異なる属性を持つ労働者グループへの労働需要の代替性から、軽減される可能性はある。企業への労働者別雇用関係助成金によって、対象となった労働者に企業の負担で支払う賃金は低下し、それが対象外の労働者への企業の労働需要を低下させ、その賃金を低下させる。この追加の効果は、輸入ショックの正負の影響を労働者間で平準化するのに役立つ。他方で、企業が企業内労働市場にある程度の独占力を有していれば、企業には、対象となる労働者の賃金を実勢よりも低く設定し、雇用関係助成金をより多く受け取ろうとする誘因がある（プリンシパル＝エージェント問題）。これらのような追加の効果は多岐にわたり、雇用関係助成金の総効果の検討を困難にするので、大事な論点ではあるものの、本文では検討しなかった。

（10）受給者によって社会保障の受給金額が異なるように設計している制度は、雇用保険の基本手当や厚生年金の支給額など、いくつかある。ただ、これらの金額は労働者が得ていた賃金と正の関係があるようにしており、学歴や性別といった労働者の属性から決定しているわけではない。

（11）輸入自由化への人々の好意的・否定的意見が、その人のどのような個人属性から説明できるかを日本について調べたTomiura et al.（2016）とIto et al.（2019）によれば、輸入をさらに自由にするという意見に反対する人は、将来にリスクが生じることを好まない、あるいは、農業従事者の比率が高い地域に住んでいる傾向がある。農林水産業従事者の比率が高い地域に住んでいる人や、その地域で衆議院・参議院選挙に立候補した候補者が、環太平洋パートナーシップ（ＴＰＰ）に反対する傾向にあることは、２０１０年代前半の日本のデータを用いたKagitani and Harimaya（2017, 2019）でも示されている。また、Kagitani and Harimaya（2020）によると、製造業の輸入が多い選挙区では、有権者はＴＰＰに反対する政党に投票する傾向があることや、反対に製造業の輸出が多い選挙区では、有権者はＴＰＰに賛成する政党に投票し、候補者も自由貿易に賛成する傾向がある。

（12）自由貿易の利益や保護貿易の副作用は、国際経済学で豊かな研究成果の蓄積がある。日本語での概説として、例えば椋（２０２０）や戸堂（２０２１）を参照されたい。

（13）４種類の特殊関税のうち、報復関税は企業から課税の申請を行うことはできない。報復関税とは、ＷＴＯ協定に基づく自国の利益を守るため、ＷＴＯ協定の目的を達成するため、または相手国が自国の船舶、飛行機、貨物に差別的に不利な扱いをしている時に課すことのできる関税である。

（14）阿部・遠藤（2012）。

（15）経済産業省『企業活動基本調査』の１９９８年から２０１９年を対象とした調査票情報によれば、ある年に輸出していた企業のうち、翌年輸出を行わなかった企業は６・６％、続く３年間輸出を一度も行わなかった企業は３・９％と、少ない比率である。輸入については、ある年に輸入していた企業のうち、翌年輸入を行わなかった企業は7・7％、続く3年間輸入を一度も行わなかった企業は4・5％と、こちらも比率は少ない。また、企業単位の分析ではないが、新型コロナウイルス感染拡大が日本の機械産業の国際生産ネットワークに及ぼした影響を分析した安藤光代たちの研究によれば、感染拡大によって貿易額が減少しても、それは世界各国との取引を維持しつつその金額が減少したのが主因であり、取引関係の切断は非常に少なかった（Ando, Kimura, and Obashi, 2021）。

(16)　例えば、久野（２０１４）およびWTO (2017)。なお、ここでは貿易ショックに対する労働政策だけを検討している。日本の社会保障制度全体については、例えば酒井（２０２０）を参照してほしい。

(17)　この制度の説明は、久野（２０１４）、渡邊（２０１７）、Milet (2019)、アメリカ労働省貿易調整支援ウェブサイト(https://www.dol.gov/agencies/eta/tradeact、２０２３年8月13日閲覧）による。

(18)　Park (2012).

(19)　Hyman (2018).

(20)　D'Amico and Schochet (2012).

(21)　Kletzer (2001, 2004).

(22)　女性労働者の自己選別とは、ここでは女性が社会規範を受け入れて自身が獲得する知識や技能を選択し、その結果特定の産業や職種に多く入職することを指す。例えば、女性が家事・育児を多く負担するという性別役割分担が社会にあることを見た女性の一部は、その役割に自分を合わせる方が社会で生きやすいと判断し、自分への教育投資を控えて低技能労働者になったり、勤務時間の短いパートタイム労働者を選んだりする。また、女性は高等教育でＳＴＥＭ分野（科学・技術・工学・数学）よりも語学分野を勉強するのが自然だという社会通念があると、女性はそのように知識を習得し、結果として科学技術の進歩による賃金上昇という恩恵を享受しづらい職に就業する。

(23)　Kletzer (2001, 2004).

(24)　雇用関係助成金の中に、東日本大震災による被災離職者および被災地求職者を雇用した場合に支給される助成金がある。これは、失職の原因によって、ある失職者が他の失職者よりも有利な扱いを受ける事例である。ただ、この制度は、後に述べる公正の基準や地域支援といった観点から、妥当と判断できる。

(25)　Employment and Training Administration, U.S. Department of Lobor (2019).

(26)　経済産業省ウェブサイトより（https://www.meti.go.jp/policy/external_economy/trade_control/boekikanri/trade-remedy/investigation/index.html、２０２３年8月13日閲覧）。

(27) 渡邊（２０１７）。
(28) Lake and Millimet (2016).
(29) IMF, World Bank, and WTO (2017).
(30) Song (2017)、Kim and Park (2019).
(31) 久野（２０１５）。
(32) 国際取引に関する他の側面では、２０１９年7月からの韓国に対する輸出管理の強化や、２０２０年6月からの日本の上場企業に対する外国投資家の出資規制のように、取引を規制する動きもある。しかしこれらは、国際貿易に対する日本国民の意識とは別の理由から施行されたと言える。
(33) ＷＴＯウェブサイトより（https://www.wto.org/english/tratop_e/adp_e/adp_e.htm、２０２２年10月3日閲覧）。
(34) ＷＴＯウェブサイトより（https://www.wto.org/english/tratop_e/scm_e/scm_e.htm および https://www.wto.org/english/tratop_e/safeg_e/safeg_e.htm、２０２２年10月3日閲覧）。
(35) 貿易救済措置に関する経済学からの説明と、申請手続きの手順や必要な情報については、柴山・手塚（２０１４）にもまとめられている。
(36) Kim and Park (2019).
(37) 韓国において貿易調整支援制度が機能していない理由を、制度の立案時に政府内の関係諸機関で目的に相違があったことに求める研究もある。例えば、宋俊憲の研究によれば、この制度を対中小企業の産業政策としたい現産業通商資源部の意向が政府内の制度検討時に強く反映され、現雇用労働部の関心である労働者保護は二の次になった。また、企業への適用基準に関しては、現企画財政部は企業のモラルハザードを懸念して産業通商資源部よりも厳しい適用基準を主張し、それが２００６年の制定時に採用された（Song, 2017）。
(38) アメリカの貿易調整支援でも、貿易で損害を受けたことを国際貿易委員会が認定した企業に勤務していた労働者に申請適格を認めるという類似の制度がある。
(39) 雇用保険の延長給付と該当者を雇用する企業への助成金支給は、昭和50年代に後述の特定不況業種離職者臨時措置法と特定不況地域離職者臨時措置法で実施された例がある。
(40) これに関する既存研究については、概要を「ウェブ補論」の第1章6節で説明している。
(41) Makioka (2021).
(42) Kim et al. (2018).

(43) なお、2022年10月3日に召集された臨時国会における岸田文雄首相の所信表明演説では、「特に個人のリスキリングに対する公的支援については、人への投資策を「5年間で1兆円」のパッケージに拡充します」とあった。ここで、「個人の」リスキリング、そして「人への」投資策と述べていることから、筆者としては、この1兆円がリスキリングのプログラムを従業員に提供する企業に対してだけでなく、自らリスキリングを行いたいと思う国民に対しても十分に配分されることを願っている。

(44) 失職が再就職後の賃金に及ぼす影響に関しては、近藤(2010)による研究整理が有用である。

(45) 萩原・照山(2016)。

(46) 大橋・中村(2002)。

(47) Kline and Moretti (2014) は、地域雇用政策の理論的帰結、実証分析の事例、そして地域政策が正当化されるような市場の不完全性の例を説明している。

(48) 以下の昭和時代の政策の概要や評価については、関口・堀内(1984)や通商産業政策史編纂委員会(編)・岡崎(編著)(2012)が有用である。本書での説明もこれらに依拠している。

(49) なお、輸入との競争の結果衰退した産業に対する産業調整政策と産業雇用政策は、昭和期に多く見られたが、現在ではほとんど用いられていない。産業調整・雇用政策の代表例として、1960年代の石炭鉱業や繊維産業といった個別産業を対象とした臨時措置法、1977年(昭和52年)施行の特定不況業種離職者臨時措置法、翌年施行の特定不況産業安定臨時措置法、これを引き継いだ1983年(昭和58年)の特定産業構造改善臨時措置法が挙げられよう。しかし、1987年(昭和62年)の産業構造転換円滑化臨時措置法では、支援対象が事業者と地域となり、業界を支援するという時代は終わった。時代を経るにつれて、産業政策は輸入によって衰退した産業の調整を支援するものから、日本の産業構造の転換や日本企業の生産性の引き上げを目指すものに徐々に主軸が変わったのである。輸入による雇用減少に対して、産業雇用政策が現在ではほとんど採用されていないのは、本書の立場から是認できる。産業は輸入圧力だけでなく、生産技術や消費者の嗜好の変化などでも衰退する。また、衰退産業だけでなく、成長産業であっても、産業内の各企業では労働者の離職・入職が活発に行われている。様々な経済ショックを受けても、多くの労働者が職を保持できるようにするには、労働者が職を移動することになった際にそれを支援する包括的な政策をとる方がより効率的である。移動先の仕事で求められる技能を労働者が持っていないために、新たな産業や職種に移動できないのであれば、その技能を新たに習得する支援をするのが良い。衰退しつつある産業がある地域に集積している場合には、産業雇用政策ではなく地域雇用政策がより適している。

(50) 通商産業政策史編纂委員会(編)・岡崎(編著)(2012)、Kazekami (2017)。

終章

経済学者による「輸入ショック」対策を検討する

終章では、本書の多岐にわたる議論のうち、何が重要で、どの点で他の代表的な意見と異なるのか、著名研究者の見解を検討することで浮き立たせたい。この方法によって、インクルーシブな輸入拡大のために本書が強調している論点の意義が、読者に伝わりやすくなるであろう。

検討対象は、チャイナ・ショックに関する大きな研究の流れを生み出し、本書でも第2章で研究をいくつか紹介したデヴィッド・オーターの論説と、経済学の領域だけでなく社会全体に強い影響力を持つ経済学者夫妻で、共にノーベル経済学賞（アルフレッド・ノーベル記念経済学スウェーデン国立銀行賞）受賞者のアビジット・バナジーとエステル・デュフロの著作である。どちらも、輸入が雇用や賃金に及ぼす負の影響を取り除くための政府の役割を論じており、邦訳があるため読者も参照しやすいと考えた。

国際貿易論の研究射程の拡大

デヴィッド・オーターは労働経済学を、アビジット・バナジーとエステル・デュフロは開発経済学を中心に、様々な研究を精力的に行っている。引用する著作は、オーターの「なぜ「チャイナショック」は衝撃だったのか、政策にとって何を意味するのか」（邦訳『格差と闘え――政府の役割を再検討する』、ブランシャール&ロドリック編、２０２２年）と、バナジーとデュフロの『絶望を希望に変える経済学――社会の重大問題をどう解決するか』（バナジー&デュフロ、２０２０年）第3章「自由貿易はいいことか？」である。(1)（下記の引用と頁数は、これらの書籍に基づく。）

まず、国際貿易研究者への三人の批判を、筆者自身の自戒を込めて紹介する。三人とも、国際貿易の研究者が輸入の雇用や賃金への影響について説明する際、貿易による利益を強調し、不利益を軽視していると、あからさまに批判するか、あるいはそれを言外に滲ませている。

例えばオーターは、２０００年代初頭の中国からの輸入急増によってアメリカの製造業の総雇用が急減したという研究結果について、「当初は貿易学者からいくぶん懐疑的に捉えられていた」（１１７頁）と、控えめに表現している。しかし続けて、アメリカ製造業の凋落が「テクノロジーに原因があるわけではなさそうなことは、貿易理論家や生産工学者でなくてもわかる」（１１８頁）と皮肉も述べている。

バナジーとデュフロは手厳しく、国際貿易の研究者が輸入の不利益を認めたがらないのは、それが貿易の利益の前提条件を否定することになるからだとする。「伝統的な理論における貿易の恩恵は、リソース（労働者、資本）の再配分に依拠している」（97頁）。しかし、輸入増加による様々な不利益が観察され、その理由としてリソースが他の産業や土地に移動することが難しいことが指摘されると、国際貿易の研究者は「貿易はよいものだという信念を持ち続けることはできなくなってしまう」（97

頁）のである。

他分野の研究者からこのように指摘されているが、国際貿易の研究者が労働や資本といった生産要素の移動の困難さに無頓着だったわけではない。むしろ、生産要素市場の調整の困難さを国際貿易理論に組み込んだ理論研究には長い歴史があり、成果も枚挙にいとまがない(2)。

ただ、その調整がうまくいかない程度を推計して、国際貿易の引き起こす不利益の側面を実証的に明らかにすることは、他分野の研究者に先を越された。それは、国際貿易論の研究者の思考態度として、国際貿易の主たる研究対象は国境をまたぐ経済取引で、国内の生産要素市場の調整に関する分析や、貿易利益を国内で再分配する方法の立案は、労働経済学、産業組織論、公共経済学など他分野が担うべきという意識が強かったためであろう。

しかし、理論分析や実証分析の手法が進展し、利用できるデータも非常に豊かになったことから、今では国境を越える取引の分析だけで完結する研究は少なくなった。国際貿易の観察対象は細分化し、個々の企業の個々の商品・サービスの個々の販売先といった単位で国際取引が分析されることもある。そして、その国際取引の影響も、国や産業単位ではなく、売り手や買い手の企業単位で把握できる。そうなると、以前は国際貿易論とは別の研究分野と思われていた領域に国際貿易が及ぼす影響、例えば企業の従業者の雇用や賃金、企業が立地する地域の経済や人々の政治意識、生産技術の国際伝播と企業の生産性なども分析が容易になる。

このような背景のもと、国際貿易と他の領域との分野横断的な研究、例えば貿易と労働、貿易と環境、貿易と政治などが、ますます盛んになっている。今では、国際貿易の研究者も、他分野の研究者や官民の実務担当者と協働しながら、国内要素移動の不完全性を実証分析によって把握し、貿易の不利益が表れる状況を理解し、貿易利益を国民に均霑する具体案を検討している。このような活動は、インクルーシブな輸入拡大のための政策立案を支援するものであり、本書もその試みの一つである。チャイナ・ショックの研究の進展によって、国際経済学研究者の意識は大きく変わった。

国内労働市場の機能の引き上げ

オーターは、チャイナ・ショックに関する一連の研究で、中国からの輸入急増が地域の製造業の衰退をもたらしただけでなく、所得、結婚、技術革新、政治などに多面的な影響を与えたことを明らかにした。(3) しかし、それらの変化はチャイナ・ショックが原因だとは述べていない。「チャイナショックは課題をあらわにしたが原因ではない」(123頁)。

オーターによれば、チャイナ・ショックがアメリカで地域経済に強い影響を及ぼした背景として、労働市場において低学歴労働者が脆弱な立場に置かれていたことがある。これは、1980年代以降の以下の三つの力学に起因している。第一に、製造業に占める比率の高い非大卒男性労働者の所得が伸びていなかった。第二に、地域間の所得水準が収斂しなくなっていた。そして第三に、都市の賃金プレミアムが非大卒労働者にとって頭打ちになった。これらは、アメリカの労働市場が特に非大卒労働者について硬直化したことを示し、それが「チャイナショックに対する非常な脆弱性を生んだ」(120頁)のである。

では、アメリカはどのような政策を採用すれば良かったのだろうか。オーターは、「チャイナショックのスピードと規模、そしてアメリカの労働市場にこのショックを吸収する下地がなかったことがわかった現在、21世紀初めの中国の台頭に対してはショック療法よりも漸進主義の方が優れた貿易政策になっていたのではないかと言っても、もはや異端の意見ではないだろう」（123頁）と述べている。

ここで、「漸進主義」はどのような政策として体現されるのだろうか。関税や輸入制限であれば、その導入は慎重に検討されるべきである。第6章3節で述べたように、輸入制限は雇用・賃金維持という目的を達成するのに効率的な手段ではなく、副作用が強い。また、アメリカの中国からの商品の輸入制限は、中国の報復措置を生じさせ、別の仕事が失われる。バナジーとデュフロも、後者の理由から「保護関税は問題の解決に役立つのか。答はノーだ」（138頁）と述べている。

もちろん、第6章5節で提言したように、日本で特殊関税制度を国内企業や業界団体が利用できる環境を整えることは必要である。しかし、これは予測できない将来の輸入急増という脅威に対応する策を準備しておくため、そして、自由な貿易をより多くの国民が支持する環境を整備するためである。また、これは個別の輸入商品を対象としたもので、輸入全体を抑制するための政策ではない。

では、アメリカの貿易調整支援の拡充のような、事後的な再訓練と労働移動支援のプログラムはどうであろうか。オーターは「今回のような集中的な被害やそれに先立つ逆風のトレンドは解消できな」（124頁）かったと見ている。そして、「どのように制度を強くするか、労働市場を形成するかを広い視点から分析的に考えるのが私たち経済学者の仕事である」（124頁）と述べ、私たちに研究課題を提起している。

日本は、チャイナ・ショックからアメリカほどには雇用喪失や賃金下落を被らなかったと言えよう。むしろ、各国におけるチャイナ・ショックの影響の実証分析を見ると、アメリカが例外的に強い悪影響を被ったのかもしれない。日本でアメリカより影響が軽微であった理由は、例えば雇用であれば、第2章2節で示したように、日本の産業は原材料を購入する上流産業に中国からの輸入が来ることで、雇用をむしろ増加させたことがある。これは、中国と垂直的な分業体制を築き、グローバル・サプライ・チェーンで中国とつながっている日本企業の特徴が表れた結果である。

また、賃金であれば、第3章3節の結果によれば、中国からの輸入増加によって、製造業の雇用者のうち年間給与の低いグループでは給与が減少し、高いグループでは給与は増加するが、両グループの給与格差の変化幅は年間最大でも0・4%程度と、非常に小さな値である。（ただ、これは製造業で雇用されている人を対象とした推計結果であり、輸入増加によって製造業から離れた人については考察対象外になることに注意が必要である。）

加えて、中国からの輸入はジェンダー・ギャップをほとんど変化させず、スキル・プレミアムはやや上昇させるが、それよりも大規模企業従業者の賃金の増加の影響の方が大きい。これは、輸入増加によって賃金が上昇する企業（大企業が多い）も下落する企業（中小企業が多い）も存在するが、一企業内では輸入増加でも給与格差はほとんど拡大しないことを意味する。その理由としては、日本企業では外部からのショックを各従業員に等しく吸収させていることが考えられる。このような日本の企業内労働市場の働きは、チャイナ・ショックの負の影響が特定の労働者に強く表れるのを防いだと言えよう。

日本企業のこのような企業内再分配効果は、オフショアリングにも表れている。第4章の結果によれば、ある企業がオフショアリングを増加させると、それによって従業者の年間時給は、男性でも女性でも、大卒でも非大卒でも、ほぼ同じ程度増加した。ただ、男性は労働時間を延ばしてしまうので、その効果も含めた年間給与では、男性従業者の増加の方が大きかった。

このように、日本では中国からの輸入の国内労働市場へのインパクトが、国際分業体制や企業内労働市場の働きによって緩和された。そのため、労働市場を有効に働かせるために、失職者への事後的な再訓練や労働移動支援に過度の負担がかかることはなかったと、筆者は評価する。チャイナ・ショックが雇用や賃金に与える影響は、アメリカでのオーターの評価と異なり、日本では政府による調整支援施策や民間企業による各種就労支援サービスで対応できる程度に抑制されていたのであろう。

オーターは、これからの労働市場に大きな影響を与えるものとして、「ロボティクスや人工知能など、自動化のペースを加速しそうな新しいテクノロジーから発生する可能性が高い」（123頁）と見ている。そして、自動化の進展によって労働市場の大幅な調整が必要になるであろうが、オーターは「アメリカの労働市場にそのような調整を行う体制が整っていないことは、チャイナショックが圧倒的なエビデンスになっている」（123頁）と評価している。

日本でも、ロボティクスや人工知能が私たちの働き方・働き口を大きく変えることは間違いない。この時、日本の労働市場がその役割を適切に発揮して、労働の供給者と需要者の関係を再構築し続け、大幅な調整を達成しうるかについては、筆者がそれを予測することは困難である。ただ、輸入ショックに関する本書の分析結果を見ると、民間企業による情報通信技術と自動化技術を駆使した新しい就労支援サービスの開発や、日本政府による現在の政策のアップデートによって十分達成可能に思える。

政府の労働移動支援策のアップデートに関しては、第6章5節でいくつか提言した。その中でも特に、就労支援をよりインクルーシブにして、失職者と就業者、企業間移動と企業内異動の違いにかかわらず、労働者が変化に備える準備をすることへの支援を等しく行うことの重要性は強調したい。もしリスキリングが企業主導でその企業の従業員に対して行われるのであれば、政府は失業者やリスキリングを行っていない企業の従業員にも、同じ学びを得られる機会を提供してほしい。リカレントの推進もそれに役立つであろう。

また、地域雇用政策は、国内労働市場が地域で分断されている現状では、拡充が検討されて良い。事業構想を競争させてそこから選ぶという現在の地域雇用活性化推進事業の事業採択方式は維持しつつ、その成果の事後評価と事業の成功・失敗要因の検討を行い、それらを次の事業構想選択に活かすというサイクルの確立を期待する。同時に、分断されている地域労働市場の壁を引き下げるため、労働者の地域を超えた移動を促す国の制度の拡充、特に職業に就くために住所を変更する場合に受給できる「移転費」の増額も望ましい。

原因を貿易に限定しない就労支援策

本書の最後に、日本におけるインクルーシブな輸入拡大のためには、様々な原因から離職した求職者を包括的に扱う就労支援策が望ましいことを読者に伝える。バナジーやデュフロと異なるこの考え方を筆者が主張する理由は、有効な就労支援策は多くの求職者に提供すべきであること、そして、目の前の求職者が前職から離れざるを得なかった本当の理由はわからないことである。

バナジーとデュフロは、アメリカの貿易調整支援制度（TAA）を評価しており、「貿易の影響で解雇された労働者を支援するには、TAAのようなプログラムを拡充することが望ましい。もっと金額を増やし、もっと手続きを簡素化する」（141頁）と述べている。加えて、「貿易ショックは特定地域にとくに甚大な影響をおよぼすので、そうした地域への支援も考えてはどうだろう。そうすれば、地域労働市場が悪循環に落ち込むのを防げるはずだ」（141頁）とも提案している。このような支援対象の企業や地域は、正しく選ぶことができるのだろうか。バナジーとデュフロは次のように述べている。「貿易ショックにさらされた企業を選別する基準はすでにTAAで確立されており、審査手続きも定まっている。保護貿易政策と見なされることを避けるためには、技術転換に伴う失業もプログラムの対象に含めれば良い」（143頁）。

確かに、第6章4節で述べたように、TAAの支援を受けた労働者は再就職する確率が上がり、所得も高くなり、社会的にもTAAの効果が費用を上回った。しかし、輸入が理由の失業者は、それ以外の理由の失業者よりも再就職が特別に不利になるわけではないのであるから、そこから得られる正しい政策的含意は、解雇された全ての労働者がTAAと同じ支援を受けられるように制度を包括的にすることである。この点については、オーターも「直近の失業の原因が貿易かテクノロジーかその他の予想外の衝撃かで、労働者が調整支援を利用する条件を決めるべきではない」（124頁）と述べている。TAAの拡充は、貿易によって解雇された労働者だけをより多く支援するためではない。貿易以外の理由による失業もプログラムの対象にするのは、保護貿易政策とみなされることを避けるという後ろ向きの理由からではない。

以上の理由から、日本で貿易調整支援制度を今導入する必要はない。（ただし、第6章5節で述べたように、この制度が将来日本で貿易に対して好意的な世論を維持するのに有用になる際には、その導入は検討されて良い。）むしろ、現在の求職者支援制度の拡充、公共職業安定所（ハローワーク）の機能改善、そして民間の職業紹介事業者への助成など、保険料拠出が条件の雇用保険以外の制度を強化して、雇用調整全体を支援する政策が適切である。

また、バナジーとデュフロは輸入ショックを強く受けた企業を選別できると述べているが、それには同意できない。その企業の生産していた商品と競合する外国からの輸入財の金額や数量はわかるが、特定の企業が倒産や事業縮小に至った引き金がその輸入によるものかは、実証分析を用いても確率論的にしかわからない。もし輸入から企業経営は悪影響を受けるというのであれば、全ての国内企業の倒産・縮小は全て輸入が原因とも言えてしまう。バナジーとデュフロ自身、TAAの審査をする「ケースワーカーによって労働者に同情的な人とそうでない人がいるため、判断は恣意的になりがちだ」（140頁）と述べている。そもそも、離職の理由で就労支援策を変える必要性は薄いので、輸入ショックを強く受けた企業を選別する必要はない。

地域支援策は、筆者も第6章5節で提言している。しかし、そこでは輸入ショックの影響を強く受けた地域に限定していない。どのような理由であれ、ある地域で雇用が減少し、地域経済が疲弊しているのであれば、支援の対象にすべきである。ただ、その支援方法は、対象地域の創意工夫を促すものが良い。そうでなければ、補助金を地域に支出する効果は弱い。むしろ、人の就業支援への補助金を手厚くすることで、結果的に支援対象の人が多く住む地域に補助金が多く回り、効率的にその地域の雇用を増やすことができるだろう。

【終章　注】

（1）Autor（2021）、Banerjee and Duflo（2019）.
（2）例えば、生産者間での生産要素（労働や資本）の移動が難しいと貿易利益が小さくなり、生産要素の価格（賃金や資本レンタル率）が硬直的であると貿易利益がむしろマイナスになる（貿易によって閉鎖経済時より経済厚生が低下する）可能性が生じることは、筆者の学生時代から中上級の教科書で扱われていた。ここではそのうちKemp（1969）とBhagwati and Srinivasan（1983）を紹介したい。
（3）例えば、所得についてはAutor et al.（2014）、結婚についてはAutor, Dorn, and Hanson（2019）、技術革新についてはAutor, Dorn, Hanson, Pisano, and Shu（2020）、政治についてはAutor, Dorn, Hanson, and Majlesi（2020）を参照。

謝辞

研究活動は、楽しいものである。このように書くと、研究に立ち向かう真剣さが足りないと、他の研究者から指摘されそうである。もちろん、成果を挙げるために苦しむことはある。しかし、頻度では、研究の楽しさを感じる方が私は圧倒的に多い。その楽しさの中でも、「おもしろい」研究成果を知ることは格別だ。執筆者の提示してくれた視点から、自分がこれまで知らなかった世界を観察し、新たな知見を得る。「おもしろさ」の判断基準や程度は様々だが、どの研究成果もそれぞれ「おもしろい」。自分が強い関心のある研究分野の成果であれば、なおさらだ。

この「おもしろい」研究が集まると、私たちや未来の世代の人々が豊かに生きるための指針が生まれるというのも、非常に「おもしろい」。各論文の執筆者は、現時点で確かなことが言える範囲で論文の結論を導いているが、分析方法を明示し、他領域への応用可能性を念頭に置きつつ、関連研究に敬意を表しながらその研究を行っている。そのため、論文を集めると、互いの論文が補完しあって力を増し、私たちの生き方や組織の方針や政府の政策に有益な、より大きなメッセージが得られる。個々の論文の「おもしろさ」が、人類に有益な学問の価値を生み出しているのである。

国際貿易をよりインクルーシブにするための研究でも、驚くべき、興味深い、そして多くの人に知ってもらいたい研究成果が、これまで多く発表されている。それを読者の皆様に紹介して、少しでも私の喜びや驚きを伝えたい、そして、そのような成果を発表していただいた方々に感謝したい、それが本書執筆の隠れた動機である。本書や「ウェブ補論」を読んだ方々に研究の楽しさを感じていただければうれしいし、研究成果という人類の知的資産を自身で検索していただければありがたいし、さらには、本書に触発されて自身でも研究を始めていただけたら、研究者冥利に尽きる。

本書にまとめられた成果を得るまでに、これまで数えきれない方々からご支援をいただいた。そのご支援は、研究内容に関する議論から、研究発表機会の提供、そして研究を続ける動機付けまで幅広い。ここでは特に、本書の基になった諸論文の内容について議論し、その成果を本書に取り入れた方々のお名前のみを挙げることをお許しいただきたい。伊藤恵子、稲田光朗、乾友彦、今井雅巳、大久保敏弘、大野由香子、風神佐知子、加藤隆夫、木村福成、清田耕造、笹原彰、神事直人、田中鮎夢、田邉勝巳、冨浦英一、早川和伸、松浦寿幸、丸山佐和子、村上善道、藪友良、山田憲、山本勲、Amit Khandelwal、Sang Hoon Kong、Jan M. Podivinsky、Frank Walsh、David Weinstein、Wing Thye Wooの諸先生方に感謝申し上げる。笹原彰先生には、本書の原稿にも多くの有益なコメントをいただいた。私が学部・大学院を通じてご指導いただいた和気洋子先生には、多くの学恩に本書が少しでも報いることができれば幸いである。

私が現在勤務する慶應義塾大学、前任校の小樽商科大学、そして私が主に活動をしている学会である日本国際経済学会には、他の研究者の研究内容を学んだり、私自身の発表をしたり、様々な情報を交換したりする、研究活動のすばらしいインフラを提供していただいた。これからは、そのような研究環境を私が享受するだけでなく、他の研究者に提供することに、微力ながら貢献したい。

研究遂行に際して、日本学術振興会科学研究費助成事業（19530217、25380377、

16K03651、19K01721、21H00713）、文部科学省私立大学戦略的研究基盤形成支援事業、慶應義塾大学学事振興資金、日本経済研究センター研究奨励金、全国銀行学術研究振興財団助成金より研究資金の支援をいただいた。勤務先の慶應義塾大学からは留学の機会と資金の援助をいただいた。総務省統計局、経済産業省、厚生労働省からは、政府統計の調査票情報の利用をお認めいただいた。株式会社東京商工リサーチには、企業データの利用に関してご厚意をいただいた。これらの制度や組織のご支援に心より御礼申し上げる。

慶應義塾大学出版会の永田透氏には、優れた編集作業によって、生硬な私の文章を読みやすいものに、また焦点のぼやけた私の原稿の論旨を整えていただいた。本書の主要なメッセージが読者の心と頭に残ったのであれば、それはひとえに永田氏のご尽力によるものである。

なお、本書の第2章から第5章には、すでに論文の形で公開されている私の研究成果（Endoh, 2021a, 2021b, 2022, 2023）や、それを基に再計算した結果が含まれている。これらが掲載された学術誌の編集長である福田慎一先生と匿名の査読者の皆様に謝意を表する。

最後に、本書を妻、娘、そして母に捧げる。夫、父、そして息子が一体何を考えているのか、本書はそのような日ごろの疑問の一部に答えられると思う。家族の支えのおかげで本書を校了できたことに、幸せを感じつつ、改めて感謝する。

2023年8月

遠藤正寛

参考文献

近藤絢子（2010）「失職が再就職後の賃金にもたらす影響の経済分析——先行研究の展望と今後の課題」、「日本労働研究雑誌」598: 29−37.

近藤誠（2011）「石油危機後の経済構造調整とグローバリゼーションへの対応（1970年代〜84年を中心に）」、小峰隆夫編『日本経済の記録——第2次石油危機への対応からバブル崩壊まで』、佐伯印刷株式会社.

酒井正（2020）『日本のセーフティーネット格差——労働市場の変容と社会保障』、慶應義塾大学出版会.

笹原彰（2022）「チャイナショックの影響の実証分析：手法の整理と文献サーベイ」、「三田学会雑誌」114(4): 381−419.

柴山千里、手塚崇史（2014）『日本人だけが知らない「貿易救済措置」——生産者が仕掛ける輸入関税のウラ技』、小樽商科大学出版会.

関口末夫、堀内俊洋（1984）「貿易と調整援助」、小宮隆太郎、奥野正寛、鈴村興太郎編『日本の産業政策』、東京大学出版会.

通商産業政策史編纂委員会（編）、岡崎哲二（編著）（2012）『通商産業政策史 1980−2000 第3巻 産業政策』、財団法人経済産業調査会.

戸堂康之（2021）『開発経済学入門（第2版）』、新世社.

冨浦英一（2014）『アウトソーシングの国際経済学——グローバル貿易の変貌と日本企業のミクロ・データ分析』、日本評論社.

中西訓嗣（2013）『国際経済学　国際貿易編』、ミネルヴァ書房.

西山慶彦、新谷元嗣、川口大司、奥井亮（2019）『計量経済学』、有斐閣.

萩原牧子、照山博司（2016）「転職が賃金に与える短期的・長期的効果—転職年齢と転職理由に着目して—」、*Works Discussion Paper Series* No. 16、リクルートワークス研究所.

椋 寛（2020）『自由貿易はなぜ必要なのか』、有斐閣.

藪友良（2023）『入門　実践する計量経済学』、東洋経済新報社.

山本勲、黒田祥子（2014）『労働時間の経済分析——超高齢社会の働き方を展望する』、日本経済新聞出版社.

渡邊純子（2017）「アメリカの自由貿易戦略と貿易調整援助」、「經濟論叢（京都大学））191: 115−32.

the COVID-19 Crisis." *Economics Letters* 203: 109869.
OECD (2015) *Back to Work: Japan: Improving the Re-employment Prospects of Displaced Workers* (Back to Work, OECD Publishing).
Park, Jooyoun (2012) "Does Occupational Training by the Trade Adjustment Assistance Program Really Help Reemployment? Success Measured as Occupation Matching." *Review of International Economics* 20: 999–1016.
Song, Joon-heon (2017) "Finding Beneficiaries: Trade Adjustment Assistance System in South Korea." *Journal of International Trade Law and Policy* 16: 92–105.
Taniguchi, Mina (2019) "The Effect of an Increase in Imports from China on Local Labor Markets in Japan." *Journal of the Japanese and International Economies* 51: 1–18.
Tomiura, Eiichi (2007) "Foreign Outsourcing, Exporting, and FDI: A Productivity Comparison at the Firm Level." *Journal of International Economics* 72: 113–27.
Tomiura, Eiichi, Banri Ito, Hiroshi Mukunoki, and Ryuhei Wakasugi (2016) "Individual Characteristics, Behavioral Biases, and Trade Policy Preferences: Evidence from a Survey in Japan." *Review of International Economics* 24: 1081–95.
UNESCAP (2013) *Asia-Pacific Trade and Investment Report 2013* (Economic and Social Commission for Asia and the Pacific).
WTO (2017) *World Trade Report 2017: Trade, Technology and Jobs* (WTO).

【邦語文献】
阿部顕三、遠藤正寛 (2012)『国際経済学』、有斐閣.
大橋勇雄、中村二朗 (2002)「転職のメカニズムとその効果」、玄田有史、中田喜文編『リストラと転職のメカニズム——労働移動の経済学』、東洋経済新報社.
川口大司 (2017)『労働経済学——理論と実証をつなぐ』、有斐閣.
木村福成、大久保敏弘、安藤光代、松浦寿幸、早川和伸 (2016)『東アジア生産ネットワークと経済統合』、慶應義塾大学出版会.
清田耕造 (2015)『拡大する直接投資と日本企業』、NTT出版.
清田耕造、神事直人 (2017)『実証から学ぶ国際経済』、有斐閣.
久野新 (2014)「TPP締結後の補償・調整支援措置：日本版貿易調整支援 (TAA) 導入の意義と課題」、馬田啓一、木村福成編『通商戦略の論点：世界貿易の潮流を読む』、文眞堂.
—— (2015)「貿易自由化実現のための補償措置は支持されるのか？　—調査実験による実証分析—」、*RIETI Discussion Paper Series* 15-J-002、経済産業研究所.
玄田有史 (編) (2017)『人手不足なのになぜ賃金が上がらないのか』、慶應義塾大学出版会.

Kainuma, Shuhei, and Yukiko U. Saito (2022) "China's Impact on Regional Employment: Propagation through Input–output Linkages and Co–location Patterns." *The World Economy* 45: 3559–601.

Kazekami, Sachiko (2017) "Evaluating Place-based Job Creation Programs in Japan." *IZA Journal of Labor Policy* 6: 1.

Kemp, Murray Chilvers (1969) *The Pure Theory of International Trade and Investment* (Prentice-Hall).

Kikuchi, Shinnosuke, Sagiri Kitao, and Minamo Mikoshiba (2021) "Who Suffers from the COVID-19 Shocks? Labor Market Heterogeneity and Welfare Consequences in Japan." *Journal of the Japanese and International Economies* 59: 101117.

Kim, Young-Han, and Sungmin Park (2019) "The Republic of Korea's Trade Adjustment Policies and their Effects on Labour Market Adjustment." in Marc Bacchetta, Emmanuel Milet and José-Antonio Monteiro (eds.), *Making Globalization More Inclusive: Lessons from Experience with Adjustment Policies* (WTO).

Kim, Yu Ri, Yasuyuki Todo, Daichi Shimamoto, and Petr Matous (2018) "Are Seminars on Export Promotion Effective? Evidence from a Randomised Controlled Trial." *The World Economy* 41: 2954–82.

Kiyota, Kozo, Sawako Maruyama, and Mina Taniguchi (2021) "The China Syndrome: A Cross–country Evidence." *The World Economy* 44: 2758–92.

Kletzer, Lori G (2001) *Job Loss from Imports: Measuring the Costs* (Institute for International Economics).

—— (2004) "Trade–related Job Loss and Wage Insurance: a Synthetic Review." *Review of International Economics* 12: 724–48.

Kline, Patrick, and Enrico Moretti (2014) "People, Places, and Public Policy: Some Simple Welfare Economics of Local Economic Development Programs." *Annual Review of Economics* 6: 629–62.

Lake, James, and Daniel L. Millimet (2016) "An Empirical Analysis of Trade-related Redistribution and the Political Viability of Free Trade." *Journal of International Economics* 99: 156–78.

Makioka, Ryo (2021) "The Impact of Export Promotion with Matchmaking on Exports and Service Outsourcing." *Review of International Economics* 29: 1418–50.

Milet, Emmanuel (2019) "Literature Review." in Marc Bacchetta, Emmanuel Milet and José-Antonio Monteiro (eds.), *Making Globalization More Inclusive: Lessons from Experience with Adjustment Policies* (WTO).

Morikawa, Masayuki (2021) "Productivity of Firms Using Relief Policies during

the World Economy 44: 35–47.
Furusawa, Taiji, Tomohiko Inui, Keiko Ito, and Heiwai Tang (2018) "Global Sourcing and Domestic Production Networks." *RIETI Discussion Paper Series* 18–E–004. The Research Institute of Economy, Trade and Industry.
Hoshi, K., H. Kasahara, R. Makioka, M. Suzuki, and S. Tanaka (2022) "The Heterogeneous Effects of COVID-19 on Labor Markets: People's Movement and Non-pharmaceutical Interventions." *Journal of the Japanese and International Economies* 63: 101170.
Hummels, David, Rasmus Jørgensen, Jakob Munch, and Chong Xiang (2014) "The Wage Effects of Offshoring: Evidence from Danish Matched Worker-Firm Data." *American Economic Review* 104: 1597–629.
Hummels, David, Jakob R. Munch, and Chong Xiang (2018) "Offshoring and Labor Markets." *Journal of Economic Literature* 56: 981–1028.
Hyman, Benjamin G (2018) "Can Displaced Labor Be Retrained? Evidence from Quasi-Random Assignment to Trade Adjustment Assistance." *Proceedings. Annual Conference on Taxation and Minutes of the Annual Meeting of the National Tax Association* 111: 1–70.
ILO, and WTO (2017) *Investing in Skills for Inclusive Trade* (ILO and WTO).
IMF, World Bank, and WTO (2017) "Making Trade an Engine of Growth for All: The Case for Trade and for Policies to Facilitate Adjustment." In *IMF Policy Papers* (IMF) .
Ito, Banri, Hiroshi Mukunoki, Eiichi Tomiura, and Ryuhei Wakasugi (2019) "Trade Policy Preferences and Cross-regional Differences: Evidence from Individual-Level Data of Japan." *Journal of the Japanese and International Economies* 51: 99–109.
Ito, Tadashi, and Yukiko Umeno Saito (2021) "Indirect Trade and Direct Trade: Evidence from Japanese Firm Transaction Data." *The World Economy* 44: 444–61.
Kagitani, Koichi, and Kozo Harimaya (2017) "Electoral Motives, Constituency Systems, Ideologies, and a Free Trade Agreement: The Case of Japan Joining the Trans-Pacific Partnership Negotiations." *Journal of the Japanese and International Economies* 45: 51–66.
—— (2019) "Electoral Rules and Free Trade Agreements as a Campaign Issue: The Case of Political Disputes over the Trans-Pacific Partnership in Japan." *Japan and the World Economy* 49: 126–37.
—— (2020) "Does International Trade Competition Influence Candidates and Voters? The Case of Japanese Lower House Elections." *Journal of the Japanese and International Economies* 57: 101091.

訳、日経BP日本経済新聞出版本部、2020年）
Bernard, Andrew B., Emily J. Blanchard, Ilke Van Beveren, and Hylke Vandenbussche (2019) "Carry-Along Trade." *Review of Economic Studies* 86: 526–63.
Bernard, Andrew B., J. Bradford Jensen, Stephen J. Redding, and Peter K. Schott (2007) "Firms in International Trade." *Journal of Economic Perspectives* 21: 105–30.
Bhagwati, Jagdish N., and T.N. Srinivasan (1983) *Lectures on International Trade* (MIT Press).
Commission on Growth and Development, World Bank (2008) *The Growth Report: Strategies for Sustained Growth and Inclusive Development* (The World Bank).
D'Amico, Ronald, and Peter Z. Schochet (2012) "The Evaluation of the Trade Adjustment Assistance Program: A Synthesis of Major Findings." Social Policy Research Associates and Mathematica Policy Research.
Ebenstein, Avraham, Ann Harrison, Margaret McMillan, and Shannon Phillips (2014) "Estimating the Impact of Trade and Offshoring on American Workers using the Current Population Surveys." *Review of Economics and Statistics* 96: 581–95.
Employment and Training Administration, U.S. Department of Labor (2019) "*Trade Adjustment Assistance for Workers Program FY 2019 Annual Report.*" (U.S. Department of Labor)
Endoh, Masahiro (2021a) "The Effect of Import Competition on Labor Income Inequality through Firm and Worker Heterogeneity in the Japanese Manufacturing Sector." *Japan and the World Economy* 59: 101076.
—— (2021b) "Offshoring and Working Hours Adjustments in a Within-firm Labor Market." *Journal of the Japanese and International Economies* 60: 101132.
—— (2022) "The Impact of Firms' International Trade on Domestic Suppliers: The Case of Japan." *Journal of the Japanese and International Economies* 63: 101188.
—— (2023) "The China Shock and Job Reallocation in Japan." *Journal of the Japanese and International Economies* 68: 101257.
Erbahar, Aksel, and Vincent Rebeyrol (2023) "Trade Intermediation by Producers." *Journal of International Economics* 140: 103693.
Fujii, Daisuke (2017) "International Trade and Domestic Production Networks." *RIETI Discussion Paper Series* 17-E-116. The Research Institute of Economy, Trade and Industry.
Fujii, Daisuke, Yukako Ono, and Yukiko Umeno Saito (2017) "Indirect Exports and Wholesalers: Evidence from Interfirm Transaction Network Data." *Japan and*

参考文献

【欧文文献】

Acemoglu, Daron, David Autor, David Dorn, Gordon H. Hanson, and Brendan Price (2016) "Import Competition and the Great US Employment Sag of the 2000s." *Journal of Labor Economics* 34: S141–S98.

Ali, Ifzal (2007) "Inequality and the Imperative for Inclusive Growth in Asia." *Asian Development Review* 24: 1–16.

Ando, Mitsuyo, Fukunari Kimura, and Ayako Obashi (2021) "International Production Networks Are Overcoming COVID-19 Shocks: Evidence from Japan's Machinery Trade." *Asian Economic Papers* 20: 40–72.

Autor, David (2021) "Why Was the "China Shock" So Shocking—and What Does This Mean for Policy?" in Olivier Blanchard and Dani Rodrik (eds.), *Combating Inequality: Rethinking Government's Role* (MIT Press).（ブランシャール＆ロドリック（編）『格差と闘え――政府の役割を再検討する』、月谷真紀訳、慶應義塾大学出版会、2022年）

Autor, David, David Dorn, and Gordon Hanson (2019) "When Work Disappears: Manufacturing Decline and the Falling Marriage Market Value of Young Men." *American Economic Review: Insights* 1: 161–78.

Autor, David, David Dorn, Gordon H. Hanson, Gary Pisano, and Pian Shu (2020) "Foreign Competition and Domestic Innovation: Evidence from US Patents." *American Economic Review: Insights* 2: 357–74.

Autor, David, David Dorn, Gordon Hanson, and Kaveh Majlesi (2020) "Importing Political Polarization? The Electoral Consequences of Rising Trade Exposure." *American Economic Review* 110: 3139–83.

Autor, David H., David Dorn, and Gordon H. Hanson (2013) "The China Syndrome: Local Labor Market Effects of Import Competition in the United States." *American Economic Review* 103: 2121–68.

―― (2016) "The China Shock: Learning from Labor-Market Adjustment to Large Changes in Trade." *Annual Review of Economics* 8: 205–40.

Autor, David H., David Dorn, Gordon H. Hanson, and Jae Song (2014) "Trade Adjustment: Worker-Level Evidence." *Quarterly Journal of Economics* 129: 1799–860.

Banerjee, Abhijit V., and Esther Duflo (2019) *Good Economics for Hard Times: Better Answers to Our Biggest Problems* (PublicAffairs).（バナジー＆デュフロ『絶望を希望に変える経済学――社会の重大問題をどう解決するか』、村井章子

[著者紹介]

遠藤正寛（えんどう・まさひろ）

慶應義塾大学商学部教授。1991年慶應義塾大学商学部卒業。1996年慶應義塾大学大学院商学研究科後期博士課程単位取得退学、2000年慶應義塾大学博士（商学）。1996年小樽商科大学商学部助教授、1999年慶應義塾大学商学部助教授を経て現職。日本国際経済学会会長。主な著作に、『地域貿易協定の経済分析』（東京大学出版会）、『国際経済学』（阿部顕三との共著、有斐閣）、『北海道経済の多面的分析――TPPによる所得増加への道筋』（慶應義塾大学出版会）、"The China Shock and Job Reallocation in Japan," *Journal of the Japanese and International Economies*, Vol. 68, 101257. がある。

輸入ショックの経済学
――インクルーシブな貿易に向けて

2023年10月13日　初版第1刷発行

著　者――――遠藤正寛
発行者――――大野友寛
発行所――――慶應義塾大学出版会株式会社
〒108-8346　東京都港区三田2-19-30
TEL〔編集部〕03-3451-0931
〔営業部〕03-3451-3584〈ご注文〉
〔　〃　〕03-3451-6926
FAX〔営業部〕03-3451-3122
振替　00190-8-155497
https://www.keio-up.co.jp/
装　丁――――坂田政則
組　版――――アイランド・コレクション
印刷・製本――中央精版印刷株式会社
カバー印刷――株式会社太平印刷社

Printed in Japan ISBN978-4-7664-2928-2

好評の既刊書

日本のセーフティーネット格差
◎第42回サントリー学芸賞受賞
◎第43回労働関係図書優秀賞受賞
◎第63回日経・経済図書文化賞受賞
酒井　正著　2970円

医療保険制度の再構築
西沢和彦著　2970円

「副業」の研究
◎第44回労働関係図書優秀賞受賞
川上淳之著　2970円

地域金融の経済学
◎第62回エコノミスト賞受賞
小倉義明著　2970円

少人数学級の経済学
北條雅一著　2970円

「新しい国民皆保険」構想
田中秀明著　2970円

（定価。本体価格各2700円）